变法旗手
康有为传

"一带一路"列国人物传系　总主编◎王丽

唐迪　徐帮学◎主编

华文出版社
中国出版集团公司

图书在版编目（CIP）数据

康有为传：变法旗手 / 唐迪，徐帮学主编. —— 北京：华文出版社，2021.11

（"一带一路"列国人物传系）

ISBN 978-7-5075-5391-8

Ⅰ. ①康… Ⅱ. ①唐… ②徐… Ⅲ. ①康有为（1858-1927）-传记 Ⅳ. ①B258.5

中国版本图书馆CIP数据核字（2020）第236988号

康有为传

主　　编：	唐　迪　徐帮学
责任编辑：	谭　笑
出版发行：	华文出版社
社　　址：	北京市西城区广外大街305号8区2号楼
邮政编码：	100055
投稿信箱：	784263235@qq.com
电　　话：	总 编 室 010-58336239
	发 行 部 010-58336267/58336253
	责任编辑 010-58336237
经　　销：	新华书店
印　　刷：	天津新科印刷有限公司
开　　本：	880×1230　1/32
印　　张：	8.75
字　　数：	142千字
版　　次：	2021年11月第1版
印　　次：	2021年11月第1次印刷
标准书号：	ISBN 978-7-5075-5391-8
定　　价：	38.00元

版权所有　侵权必究

"'一带一路'列国人物传系"编辑委员会

指导单位：
中国文学艺术界联合会
中国社会科学院国家全球战略智库

编委会：
总主编： 王　丽
副主编： 唐得阳　王灵桂
委　员：（按姓氏笔画排序）

丁闻琦　丁　超　于　青　于福龙　马细谱　王成军　王　丽
王灵桂　王建沂　王春阳　王郦久　王洪起　王宪举　王　渊
文　炜　孔祥琇　石　岚　白明亮　冯玉芝　成　功　朱可人
刘　文　刘思彤　刘铨超　安国君　许文鸿　许烟华　孙钢宏
孙晓玲　苏　秦　杜荣友　李一鸣　李永全　李永庆　李垂发
李玲玲　李贵方　李润南　李嘉慧　余志和　宋　健　张　宁
张　敏　陈小明　邵诗洋　邵逸文　周由强　周　戎　周国长
庞亚楠　胡圣文　姜林晨　贺　颖　贾仁山　高子华　高宏然
唐岫敏　唐得阳　董　鹏　韩同飞　景　峰　程　稀　谢路军
翟文婧　熊友奇　鞠思佳

支持单位：
中国社会科学院俄罗斯东欧中亚研究所
北京融商一带一路法律与商事服务中心

法律顾问：
北京德恒律师事务所

总　序

群星闪耀"一带一路"

"2100多年前，中国汉代的张骞肩负和平友好使命，两次出使中亚，开启了中国同中亚各国友好交往的大门，开辟出一条横贯东西、连接欧亚的丝绸之路。"①2013年9月7日，中国国家主席习近平在哈萨克斯坦纳扎尔巴耶夫大学发表演讲，以博古通今的睿智对大学生们娓娓道来丝绸之路古老而年轻的故事。

"我的家乡陕西，就位于古丝绸之路的起点。站在这里，回首历史，我仿佛听到了山间回荡的声声驼铃，看到了大漠飘飞的袅袅孤烟。这一切，让我感到十分亲切。哈萨克斯坦这片土地，是古丝绸之路经过的地方，曾经为沟通东西方文明，促进不同民族、不同文化相互交流和合作作出过重要贡献。

---

① 《习近平谈治国理政》，外文出版社，2014年10月第1版，第287页。

东西方使节、商队、游客、学者、工匠川流不息，沿途各国互通有无、互学互鉴，共同推动了人类文明进步。""不同种族、不同信仰、不同文化背景的国家完全可以共享和平、共同发展。这是古丝绸之路留给我们的宝贵启示"，"为了使我们欧亚各国经济联系更加紧密、相互合作更加深入、发展空间更加广阔，我们可以用创新的合作模式，共同建设'丝绸之路经济带'"。①推己及人，高瞻远瞩，引领时代，习主席在阿斯塔纳②通过哈萨克斯坦人民，首次向世界发出了让古老的丝路精神再次焕发青春和光彩的时代宣言。

2013年10月3日，习主席在印度尼西亚国会发表了题为《共同建设二十一世纪"海上丝绸之路"》的演讲："东南亚地区自古以来就是'海上丝绸之路'的重要枢纽，中国愿同东盟国家加强海上合作，使用好中国政府设立的中国-东盟海上合作基金，发展好海洋合作伙伴关系，共同建设21世纪'海上丝绸之路'"，"发挥各自优势，实现多元共生、包容共进，共同造福于本地区人民和世界各国人民"。③这个倡议和9月7日的演讲异曲同工、

---

① 《习近平谈治国理政》，外文出版社，2014年10月第1版，第287页。
② 哈萨克斯坦新首都名称。
③ 同①，第293-295页。

遥相呼应、互为映衬，完整地提出了"丝绸之路经济带"和"21世纪海上丝绸之路"的宏伟构想。

从广袤的亚欧腹地哈萨克斯坦到风光旖旎的印度尼西亚，习主席提出的"丝绸之路经济带"和"21世纪海上丝绸之路"吸引了世界各国的目光。从2013年9月至2016年8月，习近平出访37个国家（亚洲18国、欧洲9国、非洲3国、拉美4国、大洋洲3国），对"一带一路"倡议的总体框架和基本内涵做了充分阐述。和平合作、开放包容、互鉴互学、互利共赢的丝路精神，共商、共建、共享的合作理念，驱散了"去全球化"的阴霾，为增长低迷的世界经济注入新的动能。各国纷纷将本国经济发展与中国政府制定的《推动共建丝绸之路经济带和21世纪海上丝绸之路的愿景与行动》规划相衔接。"一带一路"倡导的政策沟通、设施联通、贸易畅通、资金融通、民心相通等"五通"，正在以基础设施、经贸合作、产业投资、能源资源、金融支撑、人文交流、生态环保、海洋合作等为载体和依托，在全球掀起了投资兴业、互联互通、技术创新、产能合作的新势头。2016年中国牵头成立有57个成员国加入的亚洲基础设施投资银行（AIIB），2017年3月23日迎来13个新伙伴。孟加拉配电系统升级扩容项目、印尼全国棚户区改造项目、巴基斯坦国家高速公路项目和塔吉克斯坦杜尚别至乌兹别克斯坦道路改造项目已经获得亚投行金融支持，共商共建成为现实。

"一带一路"倡议得到国际社会的热烈响应。2016年11月17日，第71届联合国大会193个成员一致赞同，通过了第A/71/9号决议，欢迎"一带一路"倡议，敦促各国通过参与"一带一路"，呼吁国际社会为开展"一带一路"建设提供安全保障环境。2017年3月17日，联合国安理会全票赞成，一致通过第2344号决议，呼吁国际社会凝聚援助阿富汗共识，通过"一带一路"建设等加强区域经济合作，敦促各方为"一带一路"建设提供安全保障环境。

2017年1月，习近平主席在联合国日内瓦总部发表题为《共同构建人类命运共同体》的重要演讲，全面深入系统阐述人类命运共同体重大理念，在国际上引起热烈反响，受到各方普遍欢迎和高度评价。3月23日，联合国人权理事会第34次会议通过关于"经济、社会、文化权利"和"粮食权"两个决议，决议明确表示要通过"一带一路"建设"构建人类命运共同体"。这是人类命运共同体重大理念首次载入人权理事会决议，标志着这一理念成为国际人权话语体系的重要组成部分。

"一带一路"不是中国的独角戏，是与亚、欧、非洲及世界各国共同奏响的交响乐。中国恪守联合国宪章的宗旨和原则，坚持开放合作、和谐包容、政策沟通，培育政治互信，建立合作共识，协调发展战略、促进贸易便利化及多边合作体制机制。中国携手100多个国家和地区，依托国际大通道，以陆上沿线中心城市为支撑，以重点经贸产业园区为合作平台，共同打造新亚欧大陆桥、中蒙俄、中国－中亚－西亚、中巴、孟中印缅、中国－中南半岛等国际经济合作走廊进展顺利，中欧班列在贸易畅通上动力强劲，风景亮丽；以海上重点港口为节点，共同建设通畅安全高效的运输通道，实现陆海路径的紧密关联和合作，太平洋、印度洋、大西洋上巨轮往来频繁，不亦乐乎。亚太经合组织、亚欧会议、大湄公河次区域合作等有关决议或文件，都体现了"一带一路"建设内容。丝路基金、开发性金融、供应链金融汇聚全球财富，建设绿色、健康、智慧与和平的丝绸之路，增进各国民众福祉。

"一带一路"是人类历史上从未有过的恢弘蓝图，也是横跨亚非欧连接世界各国的暖心红线。"丝绸之路经济带"包括中国经中亚、俄罗斯至欧洲（波罗的海），中国经中亚、西亚至波斯湾、地中海，中国至东南亚、南亚、印度洋；"21世纪海上丝绸之路"包括从中国沿海港口过南海到印度洋再延伸至欧洲和到南太平洋。一路驼铃声声、舟楫相望,互通有无、友好交往。

在新的时代,在创新古老丝路精神的伟大进程中,习主席专门缅怀丝路开拓者,特意致敬古丝路精神奠基人:"我们的祖先在大漠戈壁上'驰命走驿,不绝于时月',在汪洋大海中'云帆高张,昼夜星驰',走在了古代世界各民族友好交往的前列。甘英、郑和、伊本·白图泰是我们熟悉的中阿交流友好使者。丝绸之路把中国的造纸术、火药、印刷术、指南针经阿拉伯地区传播到欧洲,又把阿拉伯的天文、历法、医药介绍到中国,在文明交流互鉴史上写下了重要篇章。千百年来,丝绸之路承载的和平合作、开放包容、互学互鉴、互利共赢精神薪火相传。"[1]这种吃水不忘挖井人的情怀,再次展现了中华民族不忘历史、纪念先贤、展望未来的优秀文化基因,也为中国传记文学学会参加"一带一路"建设指明了方向和道路。

在古老的丝绸之路上,我们不曾相忘:张骞出使西域到过的哈萨克斯坦,山高水长的好邻居巴基斯坦,双头鹰下横跨欧亚之国俄罗斯,草原之国蒙

---

[1] 习近平:《弘扬丝路精神,深化中阿合作》,2014年6月5日,习近平在中—阿合作论坛第六届部长级会议开幕式上的讲话,《人民日报》6月6日第1版。

古,喜马拉雅浮世天堂尼泊尔,菩提恒河保佑之国印度,文化瑰宝伊朗,首创法典之国伊拉克,红海门户之国也门,石油王国沙特阿拉伯,波斯湾明珠巴林,雪松之国黎巴嫩,海湾之秀科威特,沙漠之巅阿联酋,半岛明珠之国卡塔尔,波斯湾霍尔木兹海峡守门人阿曼,万湖之国白俄罗斯,欧亚十字路口土耳其,流着奶和蜜之地以色列,欧洲粮仓乌克兰,亚平宁半岛上的文化巅峰意大利,阿尔卑斯之巅的瑞士,玫瑰之国保加利亚,与灵魂对话的思辨之国德意志,欧洲文化殿堂法兰西,欧洲客厅比利时,郁金香之国荷兰,热情如火的西班牙,还有正在脱欧的绅士国度英国,北非金字塔之国埃及,非洲屋脊奉马蹄莲为国花的埃塞俄比亚,香草大岛之国马达加斯加,等等。

沿着海上丝绸之路,我们会领略丛林花园之国马来西亚,花园国度新加坡,千岛之国菲律宾,赤道翡翠之国印度尼西亚;沿澜沧江一路南下,我们不曾相忘澜湄泽润之国越南,千佛之国泰国,高棉的微笑之国柬埔寨,万象之都老挝,印度洋上明珠之国斯里兰卡,印度洋上的明星和钥匙毛里求斯,堆金积玉之国文莱,追求自由之国东帝汶,印度洋世外桃源马尔代夫,骑在羊背上的国家澳大利亚,上帝的后花园新西兰,等等。

"一带一路"沿线国家里，那些千百年来影响了人类与国家、民族命运并与中国曾经有过交往的古今人物，至今还能在教科书、影视剧里看到他们，还能感受到他们在一代一代年轻人身上所生发的影响和魅力。

当然，对于中国人来说，更为熟悉的是丝绸之路的开拓者。曾记否？丝绸之路开拓者中，有汉武帝和他的使节们，有首开大唐盛世的唐太宗及其无数臣民，有再续睦邻通商航海路的宋祖朝廷和无数先贤，还有金戈铁马风漫卷的元代人物，一统江山万里帆的明代人物，环球凉热自清浊的清代人物，东西碰撞溅火花的近代人物，还有经受风雨变迁、勇立海国之志的现代人物，更有丝路明珠敦煌莫高窟的守护者，卫国助邻的将军和通司中外的外交家们。当然，数风流人物，还看今朝，我们不能不浓墨重彩地讴歌那些智通商海，投身到新丝路建设中的当代人物。

耕云播雨，香火延续，智慧传承，历史再续！2100多年的友好交往历史从未隔断，惠及三大洲的中西交通从未停歇，21世纪的"中国梦"和"世界梦"汇成了人类命运共同体的时代和弦，响彻在"一带一路"辽阔的长空。也正因如此，2017年5月，北京喜迎来自"一带一路"相关国家的元首、政府首脑、前政要、知名企业家和专家学者等各界代表，以及国际组织的负责人等千名领袖，出席"'一带一路'国际合作高峰论坛"。"千人盛会"共襄"团结互信、平等互利、包容互鉴、合作共赢"[1]之盛举，共商"沿线各国共同把蛋糕做大，一起分蛋糕"之合作共赢大计。这是中华民族和世界历史上都应该铭记的大日子。

以人物传记写作为己任的中国传记文学学会，在"一带一路"倡议实施中，肩负"讲好一带一路民心相通好故事"的使命和责任，这也是国家赋予我们的根本职责和任务。在中国文学艺术界联合会的领导下，在中国社会科学院国家全球战略智库指导下，中国传记文学学会以赤诚的家国情怀、强烈的时代精神、为人传记的责任担当，在认真调研、周密谋划、精心组织基础上，毅然决定倾注全力组织编写出版"'一带一路'列国人物传系"。此煌煌百卷传系讲述近千名各国人物故事，集数百位专家作家尽心挥毫，去冬今春，夜以继日……幸得中国出版集团公司华文出版社出版发行。于是，各位读者得以读到手中的这套活泼而不失厚重、有趣而不失学养的列国人物合传书卷。

---

[1] 习近平：《弘扬人民友谊，共创美好未来》，2013年9月7日，习近平主席在哈萨克斯坦纳扎尔巴耶夫大学的演讲。

孔子曰："仁者，人也。"让各国的先贤智者的思想光辉，照亮我们探索人类未来的道路。

传记明志，落笔为文，是为总序。

中国传记文学学会会长
"'一带一路'列国人物传系"编委会总主编
王丽 博士
2018 年 3 月 8 日

General Editor's Preface

The Belt and Road Initiative was conceived in 2013. On September 7, 2013, Chinese President Xi Jinping proposed for the first time the blueprint in a speech at Nazarbayev University during his visit to Kazakhstan:

Over 2,100 years ago during China's Han Dynasty, a Chinese imperial envoy Zhang Qian visited Central Asia twice to open the door to friendly contacts between China and Central Asian countries as well as the transcontinental Silk Road linking East and West, Asia and Europe.

Shaanxi, my home province, is right at the starting point of the ancient Silk Road. Today, as I stand here and look back into history, I could almost hear the camel bells ringing in the mountains and see the wisps of smoke rising from the desert. It has brought me close to the place I am visiting. Sitting on the ancient Silk Road, Kazakhstan has made important contributions to the exchanges and cooperation between different nations and cultures. This land has witnessed a steady stream of envoys, caravans, travelers, scholars and artisans traveling between the East and the West. The exchanges and mutual learning thus made possible have contributed to the progress of human civilization.

... Countries with differences in race, belief and cultural background are fully capable of sharing peace and development. This is the valuable inspiration we have drawn from the ancient Silk Road.

... To forge closer economic ties, deepen cooperation and expand development opportunities between Eurasian countries, we should innovate the mode of cooperation and jointly build an "economic belt along the Silk Road".[1] Considering the interests of the world commnity, taking a broad and long view and leading the new era, in Astana, President Xi, through the people of Kazakhstan, for the first time issued a declaration to the world that the old Silk Road

---

[1] Xi Jinping, *The Governance of China* (Beijing: Foreign Languages Press, 2014) 287.

spirit would once again be rejuvenated and radiant.

On October 3, 2013, President Xi brought up this topic again in his address to the Indonesian Parliament under the title "Jointly Building the 21st Century Maritime Silk Road":

> Southeast Asia has since ancient times been an important hub along the ancient Maritime Silk Road. China will strengthen maritime cooperation with ASEAN countries to make good use of the China-ASEAN Maritime Cooperation Fund set up by the Chinese government and vigorously develop maritime partnership in a joint effort to build the Maritime Silk Road of the 21st century. China is ready to expand its practical cooperation with ASEAN countries across the board, supplying each other's needs and complementing each other's strengths, with a view to jointly seizing opportunities and meeting challenges for the benefit of common development and prosperity.[①]

The two talks framed the full picture of the

[①] Xi Jinping, *The Governance of China* (Beijing: Foreign Languages Press, 2014) 293-295.

conceptual "Silk Road Economic Belt" and the "21st Century Maritime Silk Road", which are collectively referred to as "The Belt and Road Initiative". Between September 2013 and August 2016, President Xi visited 37 countries (18 in Asia, 9 in Europe, 3 in Africa, 4 in Latin America and 3 in Oceania), giving a full exposition of the Belt and Road Initiative, from its overall framework to various details. The milieus of peaceful and all-win cooperation, financial integration, trade liberalization, and people-to-people bonds dispel the haze of anti-globalization and inject new vitality to the stagnant world economy.

The Belt and Road Initiative has been received with global enthusiasm. On November 17, 2016, all 193 member states of the United Nations unanimously passed the Resolution No. A/71/9 during the 71st Session of the United Nations General Assembly. This resolution endorsed China's Belt and Road Initiative, encouraged UN member countries to participate in the Initiative, and urged the international community to provide a safe environment for the implementation of the Initiative.

The Belt and Road Initiative is not a solo of China, but a symphony of countries from Asia, Europe, Africa and the rest of the world. By observing the Charter of the United Nations, China adheres to openness and cooperation, harmony and inclusiveness as well as policy coordination in order to bolster mutual political trust, reach cooperation consensus, coordinate development strategies, facilitate trade, and introduce multilateral cooperation mechanisms. China has established partnerships with over 100 countries and international organizations with the goal of jointly building a new Eurasian Land Bridge and developing China–Mongolia–Russia, China–Central Asia–West Asia, China–Pakistan, Bangladesh–China–India–Burma, and China–Indochina Peninsula economic corridors by taking advantage of international transport routes, relying on core cities along the Belt and Road and using key economic industrial parks as cooperation platforms. At sea, the Initiative will focus on jointly building smooth, secure and efficient transport routes connecting major sea ports along the Belt and Road, so as to achieve a closer connection and cooperation between land and sea routes, with the Pacific, Indian and Atlantic Oceans frequented by ships and vessels. Meanwhile, the Asia-Pacific Economic Cooperation

(APEC), the Asia-Europe Meeting (ASEM), the Greater Mekong Subregion (GMS) Economic Cooperation and many other regional cooperation mechanisms have included the Belt and Road Initiative in their relevant resolutions and documents.

We shall never forget the countries along the ancient Silk Road: Kazakhstan, the country visited by the Han Dynasty imperial envoy Zhang Qian; Pakistan, China's friendly neighbor bound by mountains and rivers; Russia, a country symbolized by a double headed eagle; Mongolia, the prairie country; Nepal, the paradise on the Himalayas; India, a land blessed by the holy river Ganges; Iran, a country full of cultural treasures; Iraq, the country where the famous *Code of Hammurabi* originates from; Yemen, the gate to the Red Sea; Saudi Arabia, the kingdom of petroleum; Bahrain, the pearl of the Persian Gulf; Lebanon, a country of cedars; Kuwait, a rising star of the Persian Gulf; United Arab Emirates, a diamond on the desert; Qatar, a gem on the Arabian Peninsula; Oman, the gatekeeper of the Hormuz Strait; Byelorussia, a country with myriad lakes; Turkey, the center of the crossroads of Eurasia; Israel, a country full of milk and honey; Ukraine, the granary of Europe;

Italy, the pinnacle of culture on the Apennine Peninsula; Switzerland, a country in the Alps; Bulgaria, the land of roses; Germany, a home to great minds; France, the cultural palace of Europe; Belgium, the drawing room of Europe; the Netherlands, a garden of tulips; Spain, the land of passion; United Kingdom, the country of gentlemen which is breaking from the EU; Egypt, a country of pyramids in North Africa; Ethiopia, the roof of Africa whose national flower is Calla Lily; Madagascar, the island nation where vanilla grows, and so on.

The Maritime Silk Road links Malaysia, a country of forests and gardens; Singapore, the flowery country; the Philippines, the country of a myriad of islands; and Indonesia, the emerald of the equator. Along the Lantsang River down to the south, we will pass Vietnam, the land nourished by the Mekong River; Thailand, a country of thousands of Buddhist temples; Cambodia, the home to Khmer smiles; Laos, the land of a million elephants; Sri Lanka, a bright pearl in the India Ocean; Mauritius, the shining star and key of the Indian Ocean; Brunei, a kingdom of gold and green; East Timor, a nation of independence; Maldives, a paradise in the India Ocean; Australia, the nation riding on the sheep's back; New

Zealand, the back garden of God, and so forth.

In the countries along the Belt and Road, names of distinguished figures, ancient or modern, who have affected the destiny of mankind, who have rewritten the history of nations, and who have had contacts with China, can still be found in today's textbooks, films and TV shows. We can still feel their enduring influence and charm on generations of young people.

Of course, for the Chinese people, the pioneers of the ancient Silk Road are more familiar. Yet, those who have devoted themselves to the building of the new Silk Road equally deserve our respect. In May 2017 during the Belt and Road Forum for International Cooperation, Beijing welcomed thousands of guests from around the world, including heads of state, heads of government, former politicians, business leaders, experts, scholars, and principals of international organizations. They gathered together in the common spirit of solidarity and mutual trust, equality and mutual benefit, inclusiveness and mutual learning, and win-win cooperation, to discuss how countries along the Belt and Road can work together to make the "pie" bigger and shared by all for mutual benefit.[①] This is a big day that should be remembered as a landmark in the history of the Chinese nation and the world.

The Biography Society of China, which makes it its mission to promote biography writing, shoulders the task and responsibility of telling well the stories of friendly exchanges among people of countries along the Belt and Road. This is also the fundamental duty and task assigned to us by our nation. Therefore, through careful investigation and passionate planning, the Biography Society of China decided to publish a hundred-volume series titled *Remarkable Lives Along the Belt and Road*. This project receives support from the China Federation of Literary and Art Circles and guidance from the National Institute of International Strategy of Chinese Academy of Social Sciences. From last winter till this spring, hundreds of experts were working around the clock on the biographies of a thousand remarkable lives. Here the series is presented to you.

As Confucius said, "Humanity is of humans". Let the lights of those great minds and lives illuminate our future

---

① Xi Jinping, "Promote People-to-People Friendship and Create a Better Future", Speech delivered at the Nazarbayev University, Kazakhstan, September 7, 2013.

path of exploration.

Comments, criticism and suggestions will all be appreciated.

Dr. Wang Li
Chairwoman:
The Biography Society of China
General Editor:
Remarkable Lives Along the Belt and Road
March 8, 2018

目 录

引 言 1

一、蓄势待发，吾生而上下求索 6
  1. 诗礼传家的弄潮儿 6
  2. 钟情书外的小书痴 13
  3. 师从名家，迫切求道 20
  4. 少年傲骨，幸得益友 24
  5. 时代"妄人"康有为 27

二、牛刀小试，初露锋芒 32
  1. 香港游历，钟情西学 36
  2. 放眼世界，天下己任 42
  3. 落榜归来，西学引路 48
  4. 破旧立新，战中反思 52
  5. 昏世清雷，上书清帝 57

三、贯通中西，敢为天下先 64
  1. 康氏新说，为儒学凿开窗口 64
  2. 万木草堂，革新"国民之愚" 69

3. 思想飓风，出版《新学伪经考》 …… 76
4. 宣传变法，撰写《孔子改制考》 …… 78
5. 桂林讲学，傲立思想潮头 …… 81
6. 光大本性，组织圣学会 …… 91

四、砥柱中流，执变法运动牛耳 …… 100
1. 日日知新，创办《万国公报》 …… 100
2. 救国水火，筹划组织强学会 …… 110
3. 不改初心，数次上书"格君" …… 127
4. 变法高潮时，怎奈掣肘何 …… 133
5. 须臾政变，去留肝胆两昆仑 …… 154
6. 知其不可为而为之精神永存 …… 161

五、时不我与，艰难的逃亡岁月 …… 173
1. 第一次流亡日本 …… 173
2. 保皇与革命的论战 …… 175
3. 陷泥潭而不能自拔的保皇会 …… 182
4. 国势艰危，保皇派日薄西山 …… 185
5. 周游列国，头脑还在金銮殿 …… 193
6. 宪政会——保皇之路的尽头 …… 201

六、英雄落寞，老有所为的晚年生活 …… 208
1. 孔教教主的最后努力 …… 208

2. 寄情山水，老有所好 ················· 213
3. 康有为的家庭生活 ·················· 234
4. 沸沸扬扬的盗经风波 ················ 239
5. 抱守残梦，逝世青岛 ················ 243

后 记 ································· 247

Contents

Introduction / 1

Early Education in Confucian Classics / 6

Initial Exposure to Western Civilization and First

   Venture in Social Reform / 32

Challenging Chinese Traditions with Modern

   Western Philosophies / 64

Petitions for Radical Institutional Reforms / 100

Years of a Miserable Life in Exile / 173

An Accomplished Twilight Years / 208

Afterword / 247

引 言

康有为（1858—1927），原名祖诒，字广厦，号长素，又号明夷、更生、西樵山人、游存叟、天游化人，人称"康南海"，清末广东省广州府南海县银塘乡丹灶苏村人，清光绪年间进士，官授工部主事，是近代著名政治家、思想家和社会改革家。

康有为是中国近代史上一个标志性的人物，他生活在晚清封建王朝极度腐败无能，世界列强企图瓜分中国，民族危机迫在眉睫的关键时刻。作为一个头脑清醒的知识分子，康有为毅然大声疾呼"救亡图存"，倡导维新变法，提出系统的改革理论和方案，高唱时代的最强音，成为站在时代前列的维新旗手。

康有为不仅超越了当时的"洋务精英"们所注目的"洋务"范畴，而且探寻了大洋彼岸政治强盛的秘诀。他力主全方位的改革，既讲求新物、新器、新艺的发明创造，又倡言政治文化制度的革新，而后者在维新运动中占据了主导地位。在他看来，维新变革不仅在于新物、新器的增多，重要的在于人心与观念的变易。因此，他发动维新运动，则从创学会、办报刊开始，进行思想启蒙。这在当时确有开新一代风气的效用。尽管维新运动以失败告终，但它的影响却源远流长。

康有为是一个英雄人物。然而，任何人都无法摆脱时代与环境对自己的思想及行为的控制和影响，康有为也是如此。

康有为生活在19世纪末20世纪初。鸦片战争以后，清朝封建统治下的中国政治腐败，经济落后，民不聊生，强敌环列，中华民族又到了一个生死关头，每个有识之士都感受到了亡国灭种的威胁。不革新，不变法，中国就很难自强自立，抵抗外敌侵略就将成为空谈。于是，以康有为为代表的一批先进的中国人，顺应时势，发动了以爱国强国为宗旨的"戊戌变法"，康有为因此而名垂青史。

但变法失败了。失败了的变法运动客观上却成为一次思想启蒙运动，促使一批思想更先进的中国人，总结经验教训，纠正行动方向，前赴后继，最后把皇帝赶下了宝座，改变了中国的社会形态，这是辛亥革命的功劳。辛亥革命的领导者是孙中山，康有为不但没有参与辛亥革命，反而成为这次革命的坚定反对者。这不能不令后人感到遗憾。

纵观康有为的一生，其成就与其说体现在"变法"思想或实施变法的政治方略上，还不如说体现在把其思想和学术转化为对人和社会的影响上。即使在他一生最风光的"百日维新"时期，他的正式官职也不过是一个小小的工部候补主事，并未真正"主宰"变法的实施。但他却以自己的变法思想和学术思想，为光绪皇帝的"新政"提供了思想资源，俨然成为实际上的"帝王师"。从这个意义上说，"百日维新"与其说是康有为在政治权力方面所达到的顶峰，不如说是他的思想影响所达到的荣耀的顶峰。无怪此后他始终对光绪感恩戴德，一生以清室的"忠臣"自许。即使在流亡海外的16年里，康有为也将他从教学中悟出的"合群"理论用于保皇社团的组织和活动，而他所培养的弟子们，则成为他政治理论的鼓吹者和从事政治活动的得力干将。

虽然康有为晚年已经退隐林泉，不再过问政治，但他依然未能忘情于自己的梦想，还在上海创办了天游学院，为理想培养传人。尽管后来康门弟子与老师在政治和学术上的分歧随着时代的变化而日益突出，但师生情分和恩义仍然维系着他们之间的密切关系。

可以说，如果没有作为教育家的成就，康有为很难在政治上取得进展。对此，他的弟子们都有清醒的判断。梁启超在《南海康先生传》中，就说得意味深长："先生能为大政治家与否，吾不敢知；虽然，其为大教育家，则昭昭明甚也。"（梁启超：《南海康先生传》，《梁启超全集》第二卷，第484页）而他的弟子陆乃翔、陆敦骙等在康有为去世之后所撰写的《南海先生传》中更是直截了当地谈到他在政治上的失败："然其政治之设计，未行其万一也。"【陆乃翔、陆敦骙等：《南海先生传》（上编），《康有为全集》第十二集附录二，中国人民大学出版社2007年版，第452页】

康有为一生著述甚多，在学术方面，提到清代的今文经学，他常常被视为一个代表性的人物，虽然其学术饱受争议，却无法绕开。钱穆就称"言近三百年学术者，必以长素为殿军"（《中国近三百年学术史》）。但康有为从不是一个安于书斋、皓首穷经的学者，他的学术同他所关注的人生问题和社会政治问题密不可分，自始至终都有着某种"经世致用"的品格。其学问的长处和短处都与这种充满实践性的学术品格密切相关。

康有为的一生，是一部厚重的大书。公车上书，领导戊戌变法，创建保皇会，提倡君主立宪，参与策划复辟帝制等，只是这部书中的部分内容。实际上，康有为一生的活动轨迹，涉及思想、政治、教育、伦理道德等各个方面。无论是主观方面，还是客观方面，都很难以寥寥数语加以定评。人生虽然短暂，但生活本身却丰富复杂，个体的生命流程尤其如此。

可以说，康有为的一生，充满了悲剧色彩。不管先进还是落后，康有为生命活动的主线，都是爱国、救国、富国、强国。也正因为此，康有为后半生的活动，其动机与行为之间充满了矛盾。这矛盾本身，便构成了他人生的悲剧性质。

所以，我们说：康有为是一个英雄，是一个失败了的英雄。这在"一带一路"建设开展得如火如荼的今天，有助于我们认识现在，展望未来，给我们以深刻的反思和启迪。

一、蓄势待发，吾生而上下求索

1. 诗礼传家的弄潮儿

近代中国资产阶级维新运动的领袖康有为，于清朝咸丰八年二月初五日（1858年3月19日），出生于广东省广州府南海县银塘乡(今广东省佛山市南海区)丹灶苏村敦仁里深处祖居的延香老屋，一个封建地主官僚大家庭里。

在男尊女卑、重男轻女的封建社会，康有为的祖辈、父辈都日夜盼望着能早日有一个男孩，以继承康家香火，光宗耀祖。康有为的出生使在钦州(今属广西)任学正的祖父康赞修十分高兴，他立即给小孙子赐名"有钦"。当康赞修为康有为命名的信件还在遥远的邮路上传递的时候，康有为的伯祖父康学修，已迫不及待地为之起名"有为"了。康有为一生用过许多笔名和字号，主要有：广厦、长素、素广、明夷、明夷子、更生、青木森(日本姓名)、天游化人、三湖居士、西樵山人、不忍、游存园、游存父、康游存、劳念劬、劳念蔚、劳我庐、陈道安、游存老人、南海老人等。康有为在38岁中进士以前，不管著书立说，抑或向清廷上书以及与友人书信往来，都用康祖诒这个名字，所以一般人们说康有为，字广厦，号长素，又名祖诒。因为他的祖父康赞修在连州任训导之职时遇水灾殉职，按照清朝制度，康有为被清政府赐予荫监生的资格，在参加科举考试时署名康祖诒，大概是思念祖父的恩德；取"广厦"这个字，大概取自杜甫诗《茅屋为秋风所破歌》中"安得广厦千万间，大庇天下寒士俱欢颜"的意思，表明他以救国救民为己任的远大

康有为

抱负（参见马洪林著：《康有为评传》，南京大学出版社2009年版）。

由于康有为长期从事教育工作，并发动和领导了戊戌维新运动，人们按照传统的习俗，把他和故乡联结在一起，尊称他为"南海先生"或者"康南海"，给他以特殊的荣誉。

康氏家族从始祖康建元到康有为共21世；自9世祖康惟卿开始为官，至康有为有13世为官。在中国封建社会的末期，康家的男子们走着两条道路：一条是从军起家，一条是科举为官，后来也有少数人以经商致富。

从康有为《康氏家庙碑》提到的他的先人情况看，从军起家的人相当多。著名的有：康国器以镇压太平天国有功，官至广西布政使、护理巡抚；康国器之子康熊飞为浙江候补道；康达腾（又名达鸿）跟随冯子材抵抗法国侵略军，官至龙门副将；康达迁曾任知县并统千兵跟从冯子材入越南抵抗法国侵略；康懿修（又名国熹）创办7县"同人团练局"，镇压了南海、三水、高明、高要4县的红巾起义，成为地方上一大封建势力；康有为的父亲康达初，是岭南儒学大师朱次琦的学生，青年时期投笔从戎，参加了镇压太平天国的征战，为清军出谋划策，得江西补用知县之职（参见郭海军、战瑞清著：《康有为：执毅人生》，长江文艺出版社2000年版）。

康有为的先人中以科举为官的人也不少。著名的有：被康有为称为"创业传绪之祖"的康涵沧就是一个能文善诗，学而优则仕的人物；康文耀传授陆稼书先生的学术思想，弟子1000余人，为岭南大师，并在康氏家族中最先倡导孝悌礼学；康达聪擅长书法，抄书百卷，在家乡教授儒学；康达节参加府试名列第一，得候选训导之职，学习李白写诗的风格，擅长画梅花、翠竹，尤其精通棋艺；康云衢信守刘宗周《人谱》和陈榕门《五种遗规》，而且身体力行；康道修好学且擅长谋略，帮助朋友治理来阳，名声远扬；康达棻（字彝仲）为生员，候选教谕，擅长绘画牡丹，有"康牡丹"的美名；康达爵为广西西林知县、西隆、永安知州；康赞修系道光举人，历任教谕、学正、教授、训导等教职。其他人也多系教授乡里，或担任训导、知县、知府等职（参见郭海军、战瑞清著：《康有为：执毅人生》，长江文艺出版社2000年版）。

康氏家族中在后来有个别人开始从事经商和银行事业，表露出中国一部分地主官僚向资产阶级转化的新动向。康瑞圕经商致富；康同惠管理墨西哥银行；康达守得到通判官职而不赴任，宁愿去办工厂。他认为做人应当独立，不能依靠父母的权势、家庭的地位获取官职。这些人从事商业，创办银行，经营实业，但为数不多，在康氏家族史中不是主流。但封建家族的这种新裂变，反映了时代的前进趋势。

康有为兄妹共6人，大姐4岁时因病夭折，另有二姐康逸红，三妹康琼琚，四妹康顺贞和弟弟康有溥(字广仁)。父亲康达初38岁就病逝，家道中落，母亲劳莲枝一人操持家务，抚育子女，所以康有为对他的母亲很孝敬（参见郭海军、战瑞清著：《康有为：执毅人生》，长江文艺出版社2000年版）。

正是这样一个封建官僚世家，影响了康有为一生的性格与情感，也成就了他远大的志向。他的祖父一生都是从事教育事业，父亲短促的一生中主要也是从事教书生涯。他继承了康氏家族的读书衣钵，开始在科举道路的阶梯上爬行（参见徐立亭著：《晚清巨人传：康有为》，哈尔滨出版社1996年版）。

1840年6月，英国侵略者为了维护可耻的鸦片贸易，对中国发动了鸦片战争。这场战争的隆隆炮声，首先就是在离康有为家不远的珠江口外响起的。由于清朝封建制度的腐朽和经济技术的落后，中国战败。清政府被迫与英国签订了中国近代史上第一个不平等条约——《南京条约》。随着资本主义国家的商品大量涌进中国，充斥市场，近代资本主义工商业也逐渐挤了进来，封建社会的自给自足的自然经济开始了缓慢的解体过程，中国社会开始一步一步地向半殖民地半封建社会的深渊沉沦下去。贪婪的外国资本主义列强是欲壑难填的，他们并不满足鸦片战争中取得的大量权益。为了扩大在鸦片战争中所取得的特权和利益，英、法两国在美国和沙皇俄国的支持下，于1856年10月组成英法联军发动了第二次鸦片战争。强迫清政府签订了《天津条约》，抢掠烧毁了有中国的艺术宝库和建筑精华美誉的"万园之园"——圆明园，强迫清政府增订《北京条约》，从中国攫取了更多的权益。

为了支付巨额的赔款和战费，清政府拼命搜刮民脂民膏，又加上水、旱、蝗灾频繁，中国人民完全陷入了水深火热的悲惨境地。全国人民和清王朝之间的社会矛盾空前尖锐，全国农民起义风起云涌。道光三十年十一月二十九日（1851年1月11日），洪秀全领导的广西桂平金田村起义，是一场以推翻封建王朝为目的的农民革命，在这场与中华民族前途攸关的大搏斗中，康氏家族的许多人都站在封建王朝的立场上，投入镇压太平天国的战争。康有为在后来的讲学、上书等维新活动和言论中，经常流露出与农民革命势不两立的心态，就是康氏封建大家族仇视农民起义的反动立场的表现。康有为所领导的维新变法之所以失败，脱离群众是其中一个重要的原因（《参见中国近代史丛书》编写组编：《鸦片战争》，上海人民出版社1972年版）。

由于太平天国革命运动的推动和外国资本主义加紧侵略的刺激，加速了自然经济向商品货币经济过渡的进程，到了19世纪70年代初，一些官僚、地主、商人开始投资于近代工业，中国民族资本主义正式出现在近代中国的历史舞台上。广东是中国最早出现民族资本主义近代工业的省份，同治十二年（1873）华侨商人陈启源在南海创办了继昌隆机器缫丝厂，该厂所在地简村，与康有为的家乡苏村近在咫尺。此后二三十年间，广东地区陆续出现了一批由中国人投资的，使用机器的缫丝、造纸、织布、玻璃、火柴等生产工厂和船舶修造厂等。19世纪中晚期，由于蚕丝出口的需要，珠江三角洲出现了弃田筑塘，废稻植桑的高潮，这说明广东地区自然经济解体更快一些。民族资本家有了一定的经济力量，却没有相应的政治地位，受着封建传统重农抑商旧观念的歧视。像继昌隆这样新式的资本主义机器生产企业，竟然被清朝地方政府视为异端，于光绪七年（1881）被南海知县徐赓陛下令关闭。民族资本家为了维护自身的利益，呼唤着自己的代言人（参见全慰天著：《中国民族资本主义的发展》，河南人民出版社1982年版）。

　　康有为就是诞生在这样一个阶级斗争风狂雨骤的时代，成长在中华民族和外国侵略者生死搏斗的时代，也是闭关自守的中国开始接触世界和走向世界的时代。

康有为的思想、学问、主张和活动无不熔铸着时代的印记。康有为是在中国人民反帝反封建斗争的时代潮流中涌现出来的一个先进的中国人。

儿童少年时代的康有为,常常在晴朗的夏天,带领弟弟有溥,把卷帙浩繁的书籍全部搬到台阶前一棵梅树下,点燃一炷线香,在香烟袅袅中,他们小心地把书籍摊开来晾晒,以去潮驱虫,使典籍保存长久不坏。康有为后来特意写下一首七绝《延香老屋率幼溥弟曝书》:

> 百年旧宅剩楹书,旧史曾伤付蠹鱼。
> 一树梅花清影下,焚香晒帙午晴初。

2. 钟情书外的小书痴

在6岁的时候,康有为就开始了正规的学习生涯,他正式拜了老师。父亲和祖父为他请的第一个老师,是广州儒生简凤仪。简先生作为家庭教师,指点康有为系统地学习《大学》《中庸》《论语》和宋注《孝经》等儒学经典著作。当时,康有为的勤奋与才华,颇受这位启蒙老师的赞赏。

同治九年(1870),也就是康有为12岁时,康有为随祖父康赞修到广州,他们一行由涟江口驶入碧波荡漾的北江。一路上，康有为一直沉浸在祖国岭南秀丽的山光水色中，他似乎感觉到自己变成了这只张满风帆的轻舟，有朝一日定要乘长风破万里浪，为这个国家干出一番事业来。当他跟着祖父在广州上岸时，都市的一片繁华喧闹的景象，又使他大为惊奇，这里的一切深深地吸引了他。

广州城在当时是岭南的文化中心，这里书院林立，名士荟萃。不久，康赞修被任命为羊城书院监院。康有为常随着祖父到处寻师访友，穿梭于士林之间，如饥似渴地博览群书，不管是学问还是社会阅历都大有长进。但他对八股文很是厌恶，绝不一作，这招致了祖父和叔伯们的责骂，于是他只好去学习写作八股制艺。

康有为读书非常刻苦，夜晚读书困了，便登楼远望银河星群，仰望奥妙的太空，以观天象。他经常手不释卷，废寝忘食，在七桧园里边走边看书，或者是摇头晃脑地背诵诗文。有时由于他全神贯注，忘记了一切，一不留神，就碰到树干上了。所以乡亲们又亲昵地称他"戆康"。康有为所出生的康家虽是名门，官运亨通，但人丁并不是很旺，当地有这样一句传言："糠（康）无百粒米。"意思就是康家男丁少，又跟村中几族大姓不能和睦相处，少年时代的康有为颇明事理，经常劝导家人，不能"以邻为壑"，跟同村异姓争斗更是不明智的举动。他常说："有千年大族，无百岁功名。"意思是劝家人不要恃着有功名就瞧不起别的大家族，同村人要友好相处（参见郭海军、战瑞清著：《康有为：执毅人生》，长江文艺出版社2000年版）。

由于祖父毕竟是官任在身，公务繁忙，于是就让康有为随同南海县的陈鹤桥先生读经，并听讲于梁舜门先生。陈鹤桥和梁舜门就成为康有为的第二、第三位老师。

除此之外，祖父还为康有为请了其他几位老师作为启蒙先生，他们是：陈羼生、杨学华、张公辅、吕拔湖及其叔父康达节。这几位老师都是按照封建正统教育的规范，严格督责康有为尊孔读经，学作八股文章，但这些老师对康有为的帮助和影响并不大。这期间，康有为主要得益于祖父康赞修的教导。祖父的学问为康有为打下了旧学的基础，其言传身教为康有为树立了为人处世的基本原则及宏伟的抱负。

一天，康有为读了《明史·袁督师传》，见袁崇焕这位威震一方的明末大将，修筑关外重镇宁远城时，登长城察看形势，筹划边防，向崇祯皇帝提出了5年破后金的建议，不禁为袁崇焕的凌云壮志所感染，抚掌低回，思慕其为人。祖父康赞修也在一旁满怀遗憾地评论道："这是因为清室太宗忌怕他的才能，在皇上面前挑拨而把他除掉了。"康有为认为这位炮伤努尔哈赤，取得"宁远大捷"的东莞乡亲雄才大略，忠烈武陵，真有鲁阳挥戈的英雄气概。他想:"假若间不行而能尽其才,明或不亡延命至今也。"

由于祖父无暇对康有为进行系统的教育,所以,在康有为14岁以后,主要靠自学。陆乃翔等在其所撰《新镌康南海先生传》中说,有为"窥书甚多,见闻杂博,而无师承门径,惟凭好学而妄行,东挦西扯,苦无向导"。"向导"在哪里?于是康有为找到了他一生中重要的老师,就是朱次琦。

在康有为的学习生涯中,最好且最重要的老师有两位:祖父康赞修和朱次琦。

朱次琦

朱次琦,字子襄,号稺圭。生于嘉庆十二年(1807),卒于光绪七年(1881)。广东南海县九江堡人,故人尊称其为朱九江或九江先生,道光进士。他博览群书,学术造诣宏深,被公认为理学大师,声名赫赫。其学识源于宋明理学,以程(颐、颢)朱(熹)为主,兼采陆（象山）王（阳明），并能合汉宋之长，而探源于孔子，形成自己的一套比较完整的学术体系。中国人民大学的林克光先生在他的《革新派巨人康有为》中，这样评价朱次琦的学识与修养：

> 以经世致用为主，不为无用之空谈，研究中国史学历代政治沿革得失，最有心得。著书甚富，品格高尚，特重气节，硕德高行，为时人所崇敬。咸丰初年曾任山西省襄陵知县190天，政绩卓著。因官场腐败，弃官归里，在九江创办礼山草堂，收徒讲学，开始清苦的教授生涯。30多年间，清廷屡召不出，粤之大吏历次聘任广州学海堂山长，也坚辞不就，终生献身于礼山草堂。其教学的内容和宗旨，可以概括为"四行五学"。"四行者：敦行孝弟，崇尚名节，变化气质，检摄威仪。五学：则经学、文学、掌故之学、理性之学、辞章之学也。"四行是规范弟子的操行，属于传统的封建德育，即所谓"修身"；五学以智育为主。他不但以此要求学生，而且身体力行。他学识渊博，每议一事，论一学，总是贯通古今，"发先圣大道之本，举修己爱人之义，扫去汉宋之门户，而归宗于孔子"。他常对弟子们说："孔子之学，无汉学，无宋学也，修身读书，此其实也。"

光绪二年（1876），18岁的康有为以生员（康有为因其父康达初的地位获得生员的资格,可直接参加举人考试)资格到广州参加乡试落榜,祖父便送他到自己的"畏友"朱次琦门下学习。在此之前,康赞修曾先后将儿子达初和侄儿达免、达节及侄孙有霖送至朱次琦的礼山草堂。

光绪二年至四年(1876—1878),康有为在礼山草堂朱次琦的门下学习了3年。

康有为来到礼山草堂,"得闻中国数千年学术之源流,治教之政变,九流之得失,古人群书之指归,经说之折衷"(陆乃翔等著《新镌康南海先生传》)等系统的知识,聆听朱次琦的谆谆教诲,茅塞顿开。对朱先生的品学,他更佩服。在《康南海自编年谱》中,他记下了自己的感受,说自己"捧手受教,乃如旅人之得宿,盲者之睹明,乃洗心绝欲,一意归依,以圣贤为必可期,以群书为30岁前必可尽读,以一身为必能有立,以天下为必可为。从此谢绝科举之文,土芥富贵之事,超然立于群伦之表,与古贤豪君子为群"。

在礼山草堂,康有为异常勤奋,天明即起,夜深方寝。他系统研究了中国古代儒家的经典,如孔子时代的历史、文学、哲学,特别是周秦诸子的哲学,还博览了唐代和唐以前的诗文。光绪四年(1878),康有为专门探讨了中国古代哲学家、经济学家及古代思想家庄子、荀子、管子、韩非子的著作。他在《康南海自编年谱》中说，他这一年"大肆力于群书，攻周礼仪礼尔雅说文水经之学，楚辞汉书文选杜诗徐庾文，皆能背诵。兼综并骛，学业日进"。

但是，康有为在求学过程中并不盲从老师，而是善于独立思考，表现自己独特的思想及个性。朱次琦的学说以程朱为主，兼宗陆王，而康有为却鄙弃程朱，喜欢陆王。尤其对韩愈的评价，师生间发生了争执。

朱次琦特别推崇韩愈，尤其激赏《原道》一文。康有为却认为韩愈道术浅薄，空洞无物。朱次琦于是"乃笑责其狂"。自此，康有为被视为礼山草堂的"狂生"。

逐渐地，康有为对这种"日埋故纸堆中，汩其灵明"的学习生活产生了怀疑和厌倦，开始合起书卷，闭门静坐，冥思苦想，进入"歌哭无常"的状态。其实，这是康有为寻求救世强国之路而不可得的表现。

由于感到旧学远离现实，不能解决现实生活中的问题，康有为只好在光绪四年（1878）冬辞别朱先生，回到苏村。

在礼山草堂的3年学习，是康有为人生旅途的重要一站，是其思想发展的一个阶梯。朱次琦的学术思想、治学态度、方法、宗旨都对康有为产生了深远的影响。梁启超在《康有为传》中评价康有为"理学政学之基础，皆得朱九江"。康有为后来的维新救国思想的发展及万木草堂的创办，都融有朱次琦及其礼山草堂的影响，只是"有为之学从次琦入，而不从次琦出"。

离开礼山草堂之后，康有为对朱次琦仍然十分敬重和怀念，认为他是自己一生中最好、最有学问的老师。在《康南海自编年谱》中，他高度地评价了朱先生在学术上的贡献："先生壁立万仞，而其学平实敦大，皆出于躬行之余，以末世俗汙，特重气节，而主济人经世，而不为空谈高论。"所以，他"生平言学，必推次琦"。

光绪七年（1881）朱次琦去世，23岁的康有为闻讯痛哭流涕，情深如丧考妣，连夜赶到礼山草堂，与诸子办理丧葬。光绪三十四年（1908）康有为作《朱九江先生佚文序》，对乃师推崇备至：

"其行如碧霄青天，悬崖峭壁；其德如粹玉馨兰，琴瑟彝鼎；其学如海；其文如山；高远深博，雄健正直。盖国朝二百年来大贤巨儒，未之有比也。"

并再次肯定先生对自己的教导所产生的巨大作用："粗闻大道之传，决以圣人为可学而尽弃旧学，自此始也。"（《康有为自编年谱》）

3.师从名家，迫切求道

康有为在老师朱次琦那里遍读儒学经典，却难以找到济世救民之"道"，异常苦闷。如其在《康南海自编年谱》中所言："求道迫切，未有归依之时。"于是他辞别老师回乡。

回乡后的康有为,正赶上夫人张云珠临盆,春节前夕生长女康同薇。但为人之父的喜悦并未解除他内心深处的痛苦。春节过后,女儿还未满月,康有为便离家,独自来到西樵山中,住进白云洞的云湖书院。

西樵山在苏村南10余公里处,是广东的风景胜地之一,自古有"桂林山水甲天下,南粤名山数二樵"之说。西樵山中景胜又以白云洞为最。1964年革命老人董必武曾游此处,即兴赋有"欲揽西樵胜,先应访白云"等诗句。

西樵山白云洞景观

白云洞是一景色幽绝的石洞。相传明代学者何白云曾在此结庐读书，兼之洞中常有白云缭绕，故命其名为"白云洞"。近旁白云古寺，藏有丰富的佛、道经典。

在白云洞，康有为潜心佛藏，昼夜苦读，"专讲道佛之书，养神明，弃渣滓"。他试图从佛学和道学中寻找人生答案。"以为性理之学，必须探本于灵魂界，乃冥心孤往，探求事物之本原，大自大千诸天，小至微尘芥子，莫不穷究其理，深有所悟。"（梁启超著：《康有为传》，团结出版社2004年版）尤其是大乘佛教给他留下了深刻的印象。大乘佛教中的菩萨作为受苦受难的救世主形象与儒家的圣哲典型是一致的。因此康有为学习佛教之结果，不是使自己摆脱红尘，而是使自己的道德使命感更加强烈，对社会、对民众的疾苦更加关心。

康有为说自己"虽甚好佛经，而不以出家为然，故以为人道莫宜于孔子"。又说："吾生于中国，又适逢中国之危难贫弱，国民之坠水火涂炭也，则恻恻不忍，触目痛心不肯逃。"（梁启超著：《康有为传》，团结出版社2004年版）主张"与其布施于将来，不如布施于现在"。可见，出家当和尚在康有为看来，并不合于佛学所提倡的普度众生的道理。

其实，康有为在白云洞的苦读自修并没有多长时间。春天他到白云洞，不久就结识翰林院编修张鼎华，他的思想发生了转折。所以，同年秋天，便出山回乡，居家读书。这年是光绪五年（1879）。光绪十一年（1885），康有为又回白云洞，但是为了养病。

一些学者以为，康有为去白云洞的这种举动，实际上是效仿中国古代知识分子的一种习惯，即在现实中失了意，便退隐山林，寻求解脱是目的，自视清高、孤芳自赏也是实情。康有为此时还没有失过什么意，只有学而无"用"的苦恼罢了。在自然山水之间修身养性，多是淡泊名利，但康有为却并非如此。

我们应该注意到康有为在白云洞的自学，对他比较全面地认识和了解中国古代文化的作用。康有为受其家族及家庭环境的影响，欲在现实中有所作为，而要有"作为"就需学识丰富，通古博今，这便是他读书的动力。

在康有为的求知过程中，祖父康赞修为其人生导师，朱次琦为其学问导师，其他老师皆属平庸之辈。这样看来，康有为的学问其实大部分来自自学，但他的自学主要是一种知识积累。

朱次琦使康有为从"乱读书"到"会读书"，张鼎华使他从读古书到读新书、读外国书，从而使康有为的自学进入系统和有序。光绪十年（1884），26岁的康有为从求知阶段进入研究阶段，开始著书立说，维新变法思想体系开始形成。

4. 少年傲骨，幸得益友

在康有为的前半生，对他的成长起至关重要的作用的，除康赞修、朱次琦外，还有一个人，就是张鼎华。

应该说，康有为结识张鼎华是他的一种幸运。人生在世，有许多偶然的机遇，不同的机遇可以使一个人具有不同的人生命运。张鼎华就为康有为提供了一种机遇，一种后来使他成龙、成虎、成"巨人"的机遇。

康有为是怎样结识张鼎华的呢？

在一个空气清新、阳光和煦的春日，张鼎华和几位同伴同游西樵山，自然要到西樵山的胜景地白云洞看一看，这样，就遇到了正在白云洞苦读的康有为。

关于两人相遇的情形，不同的康有为传记有不同的说法。有说康有为发出一声令人惊心动魄的长啸，让张鼎华等大吃一惊的；有说张鼎华等游白云洞时，看到一个蓬头垢面、衫履不齐的年轻书生，便上前搭话；有说张鼎华听到一阵音色并不美，但高亢激扬、饱含感情的歌声，从而认识了康有为的。不管怎样说，总之是张鼎华因好奇才上前搭话的。如此，康有为和张鼎华相遇了。这一年，康有为22岁。

张鼎华是个什么样的人呢？

张鼎华，字延秋，广东番禺人。小时有神童之称，13岁就登科入仕。后进入军机处，参与国家大事。32岁入翰林院，结识康有为时任翰林院编修之职，是当时颇有才华的知名士人，以文学在京城享有盛名。康有为曾在《送张十六翰林张延秋先生还京》一诗的注中称他"神识绝人，学问极博"。

翰林院，官署名，始设于唐代，后来演变成了记载皇帝言行及起居、授讲经史以及草拟有关典礼文件的专门机构。清代沿袭明制设翰林院，掌编修国史。编修，是正七品官。官职虽不高，但必须是进士出身才能充任。

一个在"中央机关"当差的进士，对一个名不见经传的秀才感兴趣，这秀才自然是有特异之处了。

但是康有为见到张鼎华时，并不知道他是谁。几句问答下来，话不投机，傲慢的康有为便"大声呵诋，拂衣而去"。这场面，康有为在他的自编年谱里有生动记述。

然而，张鼎华回到广州后，并未因康有为的傲慢无礼感到不快，反而逢人便说："来西樵山但见一土山，惟见一异人。"这些出自《康南海自编年谱》的记载，虽有自夸之嫌，却也是实情。张鼎华对康有为感兴趣，是因他谈吐不俗的气质和个性。以张鼎华的地位和名望，他如此评价康有为，自然使广东的知识分子对康有为另眼相看了。

张鼎华对康有为的赞赏很快传到了康有为的耳中，并且他也知道了张鼎华是谁。假如康有为还要知识分子的清高脾气，不予理睬，历史上的康有为可能会是另外的模样了。但他很聪明，马上写了一封很有文采、饱含感情的道歉信，信的目的既是致歉也是结识。张鼎华接信后对人言："粤中无此文。"康有为更是感动，为谢相知，遂下山拜访张鼎华，两人一见如故。康有为以往的苦读深思此时发挥了真正的作用。康有为在其自编年谱中说，此次相见"尽知京朝风气，近时人才及各种新书，道咸同三朝掌故，皆得咨访焉"。

以后，康有为经常去广州拜访张鼎华，视张为忘年知己。通过与张鼎华的交往，康有为了解到朝廷的某些内幕，掌握了京城以至全国形势的一些信息，开始接触早期维新思想。可以说，张鼎华是康有为政治上的启蒙老师，对其维新变法思想的形成有重要的影响。康有为把他和朱次琦并列，视为自己一生中难得的两位良师益友。在《康南海自编年谱》中，康有为写道："吾自师九江先生而得闻圣贤大道之绪，自友延秋先生而得博中原文献之传。"

自从结识张鼎华后，康有为那种在传统学术中找不到出路的思想苦闷逐渐淡化。光绪五年（1879）秋天，他结束隐居苦修生活，回到苏村。

光绪六年（1880）春天，张鼎华返回京城，康有为赋诗送别，感情极为真挚深厚，诗云：

> 文采周南太史公，每因问讯向西风。
> 谬逢倒屣知王粲，敢论忘年友孔融。
> 忧道海滨伤独立，思元天外若为通？
> 秋风每赋感知己，记得樵山花又红。

康有为还在诗后注曰：

> 先生名鼎华，番禺人。神识绝人，学问极博，少以神童名，十三岁登科。曾直军机，三十二乃入翰林，则已颓矣。词馆不娶妻者，惟先生一人。过从累年，谈学最多，博闻妙解，相得至深也。

5. 时代"妄人"康有为

康有为对自己的学识非常自负。据梁启超在《清代学术概论》中记载，康有为经常说这样一句话："吾学三十已成，此后不复有进，亦不必求进。"

事实上，康有为经过自己青少年时代的从师与苦读，学识水平的确达到了相当高的程度。而且，他在对旧有知识的学习与积累上，又常常树立新说，同时又注重学以致用,这是他比同时代的读书人高明的地方。否则,他的万木草堂也不会吸引那么多学生,梁启超也不会对他的学问崇敬备至。更重要的是,康有为的学识修养直接导致了他维新变法思想的产生和形成,这尤其可贵。

可以说,康有为的学习目的、方法、态度及他在学术上取得的成就,很值得后世知识分子学习和效仿。同样,也令后人敬佩。

在康有为弟子们眼里,康有为也颇有"圣人"气象,"其理想之宏远照千载,其热诚之深厚贯七札,其胆气之雄伟横一世"(梁启超:《南海康先生传》,《梁启超全集》第二卷,第482页)。但在另一些人那里,康氏的"理想""热诚"和"胆气"则常常被视为一种"大话连篇"的"妄人"的征兆。

许多接触过康有为的人,甚至包括一些赞同其政治主张的人,都将康有为视为"妄人"。连他的号"长素"也被人认为含有"长于素王",即凌驾于孔子之上的意思。不过,据康门弟子说,因康有为"生平最受用素位之义"【陆乃翔、陆敦骙等:《南海先生传》(上编),《康有为全集》第十二集附录二,第471页】,才以此为号。"素位"一词来自《礼记·中庸》"君子素其位而行",意思是说,君子按其现在所处的地位来做其应做的事。按照这个含义,"长素"一名,表达的是一种以普通人身份处世、不在乎官爵的态度。然而，即使是望文生义地将它解释为"长于素王"，却也颇为暗合康有为内心的自我期许。后来，在一篇力倡孔子之道的文章中，康有为提到自己少年时代的抱负时就承认："吾少尝欲自为教主矣，欲立乎孔子之外矣，日读孔氏之遗书，而吹毛求疵，力欲攻之。"（康有为：《参议院提议立国之精神议书后》，《康有为全集》第十集，第206页）这种"欲自为教主"的心态，常常在康有为的待人接物中无意识地流露出来。很多接触过康有为的人都对他在与人打交道时那种自以为是、煞有介事的傲慢态度印象深刻，也对他好说大话、喜欢自吹的个性颇有微词。素位而言高，很容易让人联想到"长素"一名的狂妄含义。因此，"康圣人"这个半是揶揄、半是恭维的称呼，并非完全是空穴来风。

"狂妄"也好，"胆气"也罢，正如有学者所言，康有为的自信"得之于一种信念"，就是觉得"上天曾给予他一种历史性的使命"（萧公权著、汪荣祖译：《康有为思想研究》，新星出版社2005年版，第17页）。这种天命意识，不仅与儒家的天命观有联系，而且与一种对异兆的迷信有关。康有为一生都迷信风水、相术、异兆等现象。1917年初，在一首自寿诗中，他历数自己平生逢凶化吉、大难不死的经历，将其视为"天降大任"而"拂乱苦心志"的考验，他还提到过自己出生时"大火赤流星"以及后来"戊戌亦流火"的天象，以证明自己生命的不平凡。这种对异兆的迷信，不仅通过他所接受的教育被转化为自我抱负和天命意识，也给了他勇气，让他敢于做出常人所不敢做的尝试。在他看来，自己能够逃过各种劫难，都是天命所赐，正如他在诗中的话说："吾生信天命，自得大无畏。"（康有为：《康南海先生诗集卷之十三·开岁忽六十篇》，《康有为全集》第十二集，第335、336页）

虽然"异兆"一类的东西带有浓厚的迷信色彩，不过，康有为所出生的时代也的确让他感受到了上天对自己的眷顾。几十年后，当他流亡海外时，曾这样谈时代与自己的关系：

> 英帝印度之岁，南海康有为以生，在意王统一之前三年，德、法战之前十二年也，所遇何时哉？汽船也，汽车也，电线也，之三者，缩大地、促交通之神具也。汽船成于我生之前五十年，汽车成于我生之前三十年，电线成于我生之前十年，而万物变化之祖为瓦特之机器，亦不过先我生八十年。凡欧美之新文明具，皆发于我生百年内外耳。萃大地百年之英灵，竭哲巧万亿之心精，奔走荟萃，发扬飞鸣，磅礴浩瀚，积极光晶，汇百千万亿之泉流而成江河湖海，以注于康有为之生世，大陈设以供养之，俾康有为肆其雄心，纵其足迹，穷其目力，

供其广长之舌,大饕餮而吸饮焉(康有为:《欧洲十一国游记序》,《康有为全集》第七集,第344页)!

这段叙述将他自己的出生和成长与众多的世界大事和新文明的勃兴连在一起,显然表明了康有为的天命意识。在他看来,正是上天"汇百千万亿之泉流而成江河湖海,以注于康有为之生世,大陈设以供养之",他才能够"肆其雄心,纵其足迹,穷其目力,供其广长之舌,大饕餮而吸饮焉"。

二、牛刀小试，初露锋芒

光绪二十一年（1895）二月，康有为应张鼎华之邀准备到京师一游，但在即将出发的时候康有为头痛病发作，一度生命垂危。由于这年乡试也未中，康有为便回到西樵山的白云洞养病。巧的是张鼎华作为福建乡试同考官，来到了广州，康有为得知此事便去拜访他，两人见面相谈甚欢（参见张耀鑫，刘媛著：《康有为大传》，华中科技大学出版社2012年版）。

他们这样深厚的交情一直持续到光绪二十四年（1898）张鼎华去世，在那一年张鼎华还一再地邀请康有为到京师。

前文提到光绪五年（1879）秋季，康有为在西樵山学禅不到一年就回苏村了。

他下山还有一个原因，就是叔父要他回乡应试。这个时候，康有为家生活拮据到了只得依靠叔父们接济的地步。叔父很严厉地责令他必须下山去应试，否则将断绝资粮与供给。

但他并没有马上去应试，他太有主见。此后四年，他基本上钻入七桧园的"两万卷书楼"和"澹如楼"一边潜心读书，一边教胞弟广仁和几个堂弟读经。

他所读的书，悄悄发生了变化，而且读书的目的性、针对性越来越清晰。接触张鼎华后，他的视野洞开，身在小小的苏村，心已经越来越关注这个不成样子的国家。其时，日本已经夺取了琉球，法国夺走了安南，英国夺去了缅甸，中国面临的边疆危机越来越严重。而腐败无能的清政府对外一直软弱妥协，对内治国无方。如何挽救国家的危亡，拯救国人于水火？康有为清楚地意识到必须改变国家的政治经济，也必须从历代的政治经济方面去找"救世良方"。于是，他再次把《周礼》《王制》《太平经国书》《文献通考》《经世文编》《天下郡国利病书》《读史方舆纪要》等历史书籍找出来，精心阅读，并把书中涉及改变国家管理的名言一条条摘录了下来。

他要从古人那里得到启示。

他最潜心读的是两部书:《天下郡国利病书》和《读史方舆纪要》。

《天下郡国利病书》的作者,是明末清初的大思想家顾炎武。此书先叙舆地山川总论,次叙南北直隶、十三布政使司。除记载舆地沿革外,所载赋役、屯垦、水利、漕运等资料相当丰富,是研究明代社会政治经济的重要史籍。梁启超称这本书是"政治地理学"。

顾炎武生于明万历年间,卒于清康熙年间,入清后为表示不与清合作,改名"炎武"。他曾加入"复社",与宦官弊政誓不两立。为救世,他涉猎群书,探求国计民生的学问,寻找改造社会、拯救国家之道。从发愤读书,到发愤著书,他给后世写下了《天下郡国利病书》。

顾炎武人格的骨气、提倡经世致用的学风与救国的志气深深打动了康有为。他觉得中国不是没有"明白人",顾炎武这样有真才实学的杰出之士,就是可以救天下的"明白人"。如今大清也到了内忧外患、已被列强包围的危急时刻,所以该出现顾炎武这样的人了。

《读史方舆纪要》看上去是一本地理书,由明末清初的地理学家顾祖禹撰写。全书共130卷,以全国的政区分类,叙述了各省、州、县的疆域沿革、山川形势、关隘、古迹,着重于山川险要及战守得失、地理变迁等,具有浓厚的军事地理特色。康有为觉得,这是太实用的一部重要典籍了，俯读仰思，做了大量的笔记。

还有，这一时期，康有为又苦心攻读了唐、宋、辽、金、元、明史著作和《东华录》《大清会典则例》及国朝掌故等书。

他在做着怎样的准备？

结识张鼎华等人后，康有为经常往来于苏村与广州。广州是鸦片战争的最前哨，正是英国等外国列强挑起的这两次鸦片战争，将偌大的中国开始一步步推向黑暗的深渊。广州最痛，当年留下的历史遗迹历历在目。祖父从小就带着他在广州城四处游历，他对于这种国家之痛早有感受。而和张鼎华等人谈论的时候，最重要的话题无非一个：国家的腐败越来越厉害，几乎所有的官吏颟顸、封闭、无能不说，对内的横征暴敛与欺压早已到了无以复加的地步，同样也是广东人的洪秀全的太平天国起义就是例证。受家族与父辈的影响，他是憎恨这次农民起义的，但太平天国被"剿灭"后，大清不仅没有吸取教训，还一切如旧，这不禁让他对国家的前途命运充满担忧。

这时，他作过一首很重要的诗，《登粤秀山顶五层楼》：

> 登山缥缈又登楼，风起云飞揽九州。
> 沧海有时经烬劫，布衣何处不王侯。

袖中纳纳乾坤易，眼底茫茫星汉浮。

云水此身频出入，珠江花发又扁舟。

"布衣何处不王侯"，足见他的抱负，更重要的是他已开始转向西学。

1. 香港游历，钟情西学

康有为本是一个程朱理学的后继者，是如何转向西学的？这一过程引人深思。

光绪五年（1879），21岁的康有为还在苏村自学读书。但就在两年前的1877年，中国发生了一件事。

光绪二年十二月（1877年初），一个叫李圭（李圭是近代中国邮政的倡导者之一，曾得到李鸿章的赞许，卒于1903年）的中国人做了一件大事，从美国费城举办的"万国博览会"归来，他也就成为第一位环游地球的中国人。他是江宁（今南京）人，生于道光二十二年（1842）的一个世家望族。23岁时他受聘任宁波海关副税务司霍博逊的文牍，也就是秘书。光绪二年（1876），美国费城举办建国100周年的"万国博览会"，上司委派他作为工作人员前往，他还有一个身份，也就是代表清政府。这对于一个中国人来说是千载难逢的机会。李圭乘日本轮船从上海出发，经日本长崎东渡太平洋到了美国。博览会结束后，李圭于这年十月乘英国轮船横渡大西洋去了欧洲，先后抵达英国、法国、意大利，然后又到了埃及、斯里兰卡、新加坡、越南等地，最后由香港返回上海。全程跑了4万余千米，大开眼界。

后来，李圭依据沿途的经历和考察见闻撰写了一部叫《环游地球新录》的书。

第一位环游地球的中国人——李圭

光绪五年（1879），这本书出版不久就被康有为得到，通读后如获至宝。他对书中所介绍的西方文化、政治、经济、教育都十分感兴趣，使他面前出现了全新的世界。李圭还在书中提到在容闳的陪同下去哈佛看望清廷派出的113个留美小学生的事。李圭指出，西方的教育"不尚虚文，专务实效"，我们不能再闭关锁国，"取长补短，原不以彼此自域。则今日翊赞宏图,有不当置西人之事为而弗取也。"（《环

19世纪末熙熙攘攘的香港街道

游地球新录》卷三《游览随笔》第十七节）

世界原来如此之大之神奇，康有为甚至强烈地萌发了走出国门，也去看看外面世界的念头。

当时，就年轻的读书人来说，看到这部书的人会很多。但唯有康有为马上做出了一个决定：周游世界不可行，按书中的描述去看看香港，是可行的。

于是，康有为有了香港之行，行程就在光绪五年（1879）的年底。好在香港就在自己身边不远，距广州仅130千米。

香港在历史上一直为广东辖地。由香港岛、九龙半岛、新界、离岛组成，面积为1062平方千米。它位于南海之滨，其优越的地理位置和天然的良港一直被英国殖民主义者觊觎。到道光二十一年，也就是1841年，岛上从事渔业生产活动和耕种的内地迁来的开发者仅 2000 多人。第一次鸦片战争后,昏庸的清政府被迫与英国签署了丧权辱国的《南京条约》,英国实现了夺取香港的野心,将这里变成对华和对亚洲的贸易基地,30 多年间,也使香港成为一座颇具规模的现代城市。

　　康有为对于这次的游历,心情很复杂。他知道这块土地是被"外夷"生生掠夺而去的,使他大为震撼和刺激的是,英国人为何占领了仅仅 30 多年,香港就变成了一座如此繁华的城市?

　　他写下了一首七律,《初游香港睹欧亚各洲俗》:

　　　　灵岛神皋聚百旗,别峰通电线单微。
　　　　半空楼阁凌云起,大海艟艨破浪飞。
　　　　夹道红尘驰骠袅,沿山绿围闹芳菲。
　　　　伤心信美非吾土,锦帕蛮靴满目非。

"聚百旗",说明岛上欧亚各国来此聚集贸易的频繁。"别峰通电线单微",香港自咸丰十年,即 1860 年第一个煤气、照明和供水工程宣布启用,到同治十年,即 1871 年已经建成电报系统。光绪四年(1878),创办了第一家炼糖厂,而银行和保险业务也发展起来。著名的英国汇丰银行在同治四年(1865)就已开办,它的借贷业务广及我国各通商口岸,并在日本、新加坡设立了分行。汇丰银行在向清政府提供的各种贷款中，源源获取暴利。

"夹道红尘驰骠袅"，说明香港此时还没有通汽车，港督、商人进出用的是漂亮的马车。"半山楼阁凌云起"，风景最好的半山区以上，洋人的楼阁、花园洋房鳞次栉比。"锦帕蛮靴满目非"，华丽的衣着让人目不暇接。

面前这一切，对21岁的康有为刺激很大。"伤心信美非吾土"，这伤心对每一个中国人来说都是难言的剧痛。一场鸦片战争，美丽的香港就割让给了别人，任由别人在自己家园的土地上耀武扬威肆意开发。他们建设得越好，越令人伤心。这伤心既有被人欺凌的耻辱，又有自己多方无能的悔恨。

他是数次去过广州的，对于中国开埠最早的广东、广州是什么样子，他最清楚。

谁不渴望自己的家园繁荣？同样是人，为何西人能如此？

康有为写道："览西人宫室之瑰丽，道路之整洁，巡捕之严密，乃始知西人治国有法度，不得以古旧之狄夷视之。"（《康有为自编年谱》）

治国有法度。

要救国，要改变，必须去学习人家的方法啊！就是这么简单。

因为距离不远，几年后的仲秋，康有为再一次来游香港，作《八月十四夜香港观灯》：

> 空濛海月上金绳，又看秋宵香港灯。
> 曼衍鱼龙陈百戏，参差楼阁倚高层。
> 怕闻清曲何堪客，便绕群花也似僧。
> 欢来独惜非吾土，看剑高歌醉得曾。

这次，康有为的心情好了一些，但仍旧耿耿于怀的还是"欢来独惜非吾土"。两首诗，都一再用了"非吾土"，足见其"亡土之愤"。再欢乐的时刻，也难忘"救国与治国"。而心情转好、"看剑高歌"的原因之一，是自己已经走在攻读西学的路上。

这次在香港，康有为遇到了一个同乡，叫陈焕鸣。陈焕鸣曾任中国驻日公使馆的英文翻译，归国后辞官定居香港。他很喜爱康有为的字，请康有为写几幅扇面。康有为来到他家，吃惊地发现他的藏书很多，以日本书为主。康有为很高兴，向他请教了西学、日本明治维新的很多事。后来，康有为在回忆中写道："吾于君所见日本书目，乃惊日本之治学，而托买群书。自开译局后，请译日本书，派游学，因缘实自君来也。"(《康南海自编年谱》)

此时，他向外国、西方学习的决心越来越强烈。

2.放眼世界,天下己任

初游香港后,康有为又回到故乡苏村。他急切地翻出了一部100卷本的大书,这就是魏源最著名的《海国图志》。

这是一部他早已经浏览过的书,但那时年纪仅十六七岁,读得囫囵吞枣。同治十二年(1873)的岁末,乡里举行了社学考试,学子们纷纷参加,康有为也跃跃欲试。在作文考试中,年少的康有为一气写成6篇八股文,在100多篇密封的试卷中,考官经过仔细评选,挑出15篇文章,其中康有为所作6篇文章无一

康有为的苏村故居

见遗,而且前3名皆是出自他之手。紧接的作诗考试,康有为也夺得桂冠,于是,康有为的名声不胫而走,族人们也是欣喜异常。次年新正开课,他又是获得第一,终于步入科举之途,康有为内心也颇为得意,觉得以后的道路不会有什么问题。家人族人们意识到他走上了正道,都盼着他能够更上一层楼,取得个举人、进士的功名。

紧张的考试之后,康存为倒是可以轻松一点,随意看一些自己喜爱的书。家中藏书楼的图书是很可观的,可随意选择。看看"善养浩然之气"的孟子,再读一读讲性恶、法后王的荀子,再翻阅那个让后人褒贬不一、却极有见识的北宋革新家王安石的诗文,千古文章的背后映现出的是多么有胆识的人物啊。桧树婆娑,清流映带,想望古人,恨不能与斯人同时,立大言语,立大功德。

在书楼中,他无意之中发现了《红楼梦》,虽为残本,但粗粗一读,竟然不能释手,更有点不能释怀,初读的那几天,恍恍惚惚,痴痴迷迷,书中情景竟会是这样让人怦然心动。但是,大观园中的故事在他心中逗留的时间并不太长,因为很快他又被别的一些更加奇妙的事情吸引过去了。

首先是《海国图志》,这是清代魏源编著的一本世界史地参考书。卷帙巨大,有100卷之多,十分详尽地介绍了世界各国的历史、地理、政治、风土、人情。其次是《瀛寰志略》，此书与《海国图志》相类似，也是介绍世界各国风土人情、史地沿革的书籍，作者是道光年间的进士、曾在闽粤沿海地区做官、办理通商事务多年的徐继畬。这两本书在当时的影响极大，因为它们契合了当时中国社会的需要。

19世纪下半叶，外国的各种势力在坚船利炮的掩护下终于大步踏进了中国本土，中国的经济以及其他各个方面都面临着西方的冲击。在东西方文化的对比、较量中，一批有识之士首先感到了危机——一种民族的危机、文化的危机。他们上下求索、寻找出路的最先一种共识是首先必须学习西方的"长技"。同治十一年（1872），清廷开始向国外派遣留学生，这批学生归来，带回来了技术，也带回来了对西方的各种印象。

新的较量、新的危机激起了更多关心中国前途、关心民族未来的人们迫切地了解西方。《海国图志》和《瀛寰志略》就是在这样的背景下产生的。

它们的影响是巨大的，而对于一个有抱负的少年来说，就更大了。对于一个完全接受了中国传统文化教育的人来说，关于世界、宇宙的图景是根深蒂固的，而且从来不容置疑，况且出于对祖先和对这片土地的天生般的敬意，根本就没有提出过任何疑问。中国这片广大的土地差不多就等于整个世界了，士者的最高理想"修身、齐家、治国、平天下",其中"天下"也就是他们能够看见,并且脚踏着的这片黄土地。即使天下还有其他国家,至少中国是立于天下、世界的中央,其他国家都是中国的属国,自《山海经》问世以来都是这种信仰,那些遥远的小国家,不是蛮夷之邦,就是洪荒之地。

可是,在这两本书中介绍的是完全不同于传统思想的新鲜东西。自视比其他民族和国家高一筹的信仰被打破了,关于世界、宇宙的这些根本图景不得不从根本上改写:中国只是许许多多国家中的一员,其他国家的民族、文化常常还有高出中华民族的地方。这一改写所产生的震动是可以想见的。

在《瀛寰志略》中,康有为第一次看到地球图,始"知万国之故,地球之理"。书中关于欧美民主政治的介绍给他的印象尤深。"英国之制……都城有公会所(英国议会),内分两所,一曰爵房(参议院),二曰乡绅房(众议院)"。爵房皆由"有爵位的贵人及耶稣教士处之",乡绅房则"由庶民推择有才识学术者处之",每遇国家大事,则"王谕相,相告爵,聚众公议,参以条例,决其可否,复转告乡绅房,必乡绅大众允诺而后行"。"米利坚(美国),合众国以为国,幅员万里,不设王侯之号,不循世及之规",同时于"各国正统领之中,推一总统领。专主会盟战伐之事,各国皆听命。

其推择之法，与推择各国统领同，亦以四年为任满，再任则八年"。

在只知道"君君、臣臣、父父、子子"的头脑中，突然出现这些议论，不但新鲜，而且也必然地要引起康有为对于现行政体的思考，然而在这种政体介绍之前，对于君主专制的任何根本性更改和修订都是大逆不道的。在传统的思维定式之中，几乎从没有系统出现过任何对君主专制的质疑。根本性的改变来自不同系统的参照。

除了《海国图志》和《瀛寰志略》，康有为还读了天主教耶稣会传教士利玛窦（1552—1610）、艾儒略（1582—1649）和明朝科学家、利玛窦的学生徐光启（1562—1633）等人翻译的各种西方著作，这些书大大开阔了康有为的视野。

中国以外的世界是多么广阔、多么奇异，一时间，康有为被迷住了。他用了一种奇怪的方法来规定自己每天的读书量。清晨起床后，他便拿来要读的书籍，数册一摞，然后用铁锥在书边使劲一扎，锥尖刺两本或三本，这便是他一天里要读完的书。一般人读书或以卷计、或以篇计，康有为读书却以寸计算……

这一次，从香港回来，他要再一次研究一下《海国图志》，领略一下前人对于西人和西学的介绍、分析和看法。

提到这本《海国图志》，梁启超赞誉此书说："治域外地理者，（魏）源实为先驱。"（梁启超撰《清代学术概论》）

"师夷之长技以制夷"这句最著名的话，就来自魏源于此书中的序言。

什么是"夷之长技"呢？魏源说："夷之长技有三，一战舰；二火器；三养兵练兵之法。"鸦片战争中国之所以失败，就是在军事装备上太落后，而清军中的腐败又太厉害，焉能不败？同时，中国要变，要富强，必须学习外国先进的科学技术，使用机器生产，发展工商业。"西洋器械借风力、水力、火力，夺造化，通神明，无非竭耳目心思之力，以前民用。"西方之强，不仅拥有一支精锐的军队，更重要的是现代化的工业。魏源提出必须设立造船厂和火器局，制造各种轮船和机器，并允许民间办厂。只有这样，才会"风气日开，智慧日出，方见东海之民，犹西海之民，云集而鹜赴"，"中国智慧，无所不有"。

让康有为震惊的是，魏源在这本书里，讲述西方政治沿革和政治经济时，已经较早提到了英、美等国的议会制，比中国的封建君主专制优越，魏源非常称赞美国通过选举而产生总统，"匪惟不世及，且不四载即受代，一变古今官家之局，而人心翕然"。西方国家的政治制度也是合理的，"议事听讼，选官举贤，皆自下始,众可可之,众否否之,众好好之,众恶恶之,三占从二,舍独徇同。即在下预议之人,亦先由公举"。

《海国图志》给封闭的中国带来全新的近代世界概念。一直到鸦片战争前,妄自尊大的清廷皇帝和达官显贵们,连英国在世界的地理位置都不知道,能不挨打?魏源"师夷"的思想是那个时代的高峰。它直接推动了洋务运动的发起和发展,魏源盼望的造船厂、火器局等也第一次在中国出现。

3. 落榜归来,西学引路

光绪八年(1882)春,一直在书斋生活的康有为病了一场。由于读书太多,久坐成疾,臀部患了"核刺"。不是要命的大病,但疼痛得必须卧床,深受其苦。父亲和祖父去世后,全家的生计日绌。次女同璧的出生让他很开心,但全家经济的压力又使他郁闷。康有为24岁了,百无一用是书生,连个谋生的职业都没有,七尺男儿,尚不能谋求个人的温饱。

母亲和叔父们对他也很不满意。他们一心让他静心温书应考,他却几乎再不沾帖括之学,心全放在自己喜爱的杂书上。读书不向仕途而进,前程何在?母亲就和家族老者频频相劝,让他去参加乡试。

这年春,乡试近了,康有为答应了母亲和叔父的要求，同意参考。但他提出了一个要求，要去北京参加乡试。在一般人的眼中，这有些没有道理：近在身边的广州就可以，为何舍近求远？但母亲答应了他。

康有为去了北京，但乡试落第了。不过他有幸第一次游览了北京、扬州、镇江、南京、上海。

这些城市的文化、历史、气息也就活生生地生长在了他的心中。北京自不必说，那是天朝和天子之所，他相信自己不久便会归来的。扬州的兵燹蒙难，南京的六朝古都、太平天国，上海的十里洋场。透过这些重要的城市，康有为觉得"中国"这两个字有了声色。

在上海，他获取了超乎意料的丰收。

康有为看到，上海真的是内地一个"太特殊的繁华都市"，现代的气息远远超过北京。这自然是因为上海是外国租界之地的原因。这个东海之滨的城市以其长江三角洲独特的地理位置，人口之众多、经济之发达，是在中国独一无二的。上海是道光二十三年（1843）九月鸦片战争失败之后开埠的，是英国强迫清廷签订《南京条约》后第一批对外开放的通商口岸，这是一个民族的耻辱，但也催生了一个让天朝瞠目结舌的繁华之都。开埠不久，英、法等国在上海租界内设立了工部局、公董局、巡捕房、万国商团、会审公堂等机构，独立于中国政府之外，成为"国中之国"。大批外商涌入，不到10年，上海的商行就达120多家。这使上海成为世界资本主义市场在东方的一个重镇、中国对外贸易的中心。到光绪二年（1876），上海的外国洋行达200多家，人口也比开埠前翻了一倍，达60多万人。城市面积扩展了数倍。大量外国人来此经商、传教等，带来了西方的物质条件和生活方式，使上海成为近代中国接受西方物质文明的一个窗口。

他说："见彼族宫室桥梁道路之整，巡役狱囚之肃，舟车器艺之精，而我首善之区一切乃相反"，"道经上海之繁盛,益知西人治术之有本"（《康南海自编年谱》）。

这次最大的收获，是他大购西书。"舟车行路，大购西书以归讲求焉。十一月还家，自是大讲西学，始尽释故见。"（《康南海自编年谱》）

这一次购了多少书？没有记载，但加上之后几年他所新购的西书、新书共达3000余册。上海江南制造局译书局30年间出版的新书，也才1.2万册。他所购的书达到1/4了。回家后，康有为便开始大读大讲西学。

这个时候的西书是较简单的。江南制造局和外国教会翻译的书籍，主要是一些初级的工艺、圣经、医学、兵法和教会所用的宗教宣传品。对这些所能寻到的西书，康有为也格外珍惜。正是这些较浅显的读物，在他面前展开了一个全新的世界。转年，他订购了一份基督教会在上海创办的《万国公报》，这是本以时事为主的综合性刊物，编辑和撰稿者多为外国来华的传教士，如林乐知、李提摩太、丁韪良、艾约瑟等人。此报办得很聪明，说是教会所办，但有关教会的内容却很少登载，宗旨在于"传播知识"。封面印有"万事知为先"，每期的扉页上都申明"本刊是为推广与泰西各国的地理、历史、文明、政治、宗教、科学、艺术、工业及一般进步知识的期刊"。所介绍的西学，以政治、历史、地理等社会科学为主，非常迎合当时在摸索救国之路的中国资产阶级先进分子的兴趣。这本刊物先后出版了40年，累计达1000期，是外国传教士所办的中文报刊中，历时最长、发行最广、影响最大的一家。康有为对这本刊物不仅仅是阅读，连如何办报办刊都精心学习。之后，他和梁启超宣传维新的一个最重要的做法，就是办报和办刊。

很有意思的是，阅读这些西书，康有为不仅仅只对介绍西方各国的政治经济方面的内容感兴趣，对自然科学方面的书也感兴趣，为此他又购买了一些天津、福建、广东等地编译的有关声、光、电的自然科学方面的书籍。天文、物理、化学、古地质学、音乐、诗歌……他的兴趣和胃口很大，真是博览群书。这里还有一个原因，就是他准备编辑一部巨大的书:《万国文献通考》，后来由于规模太大，耗时耗力太多，终未编成。

没有记载他从哪里购得了一架倍数很高的显微镜。这架"洋玩意儿"使他万分惊奇西人的先进和聪明。

闭上左眼，凑上右眼去看显微镜下的情景，虱如轮，蚁如象，是何等神奇。从微观再到宏观，他对宇宙的起源和奥秘，以及哥白尼的"日心说"、牛顿的天体力学、康德的星云说都产生了浓厚的兴趣。

他是要从西学中寻找救国的真理。在探究中，又把西方的自然科学进化论与中国传统学说相结合，初步形成了自己的历史进化观和变法理论。

4. 破旧立新，战中反思

康有为对西学产生了浓厚的兴趣，他不断突破自己的思想，同时也积极破除原有的旧思想。反对缠足就是他向封建思想发出挑战的第一步，康有为创立了"不裹足会"，并从自己家里开始，强烈反对家族内的女成员缠足。

缠足是封建社会的一种恶习。按照封建正统观念的要求，女孩子到了四五岁，就要由家里长辈为她裹足。每天用长长的宽布条把双足缠紧，控制骨肉生长，使双足尽量限制在大约3寸长度，因而造成双足畸形，行动受阻，甚至骨折。这种违背人类生理发育的做法却是清代封建统治的伦理纲常的重要内容之一，目的是要妇女成为男子的附庸。它使广大妇女饱受生理上和精神上的双重折磨（参见黄晶著：《康有为传》，北京联合出版社2013年版)。

康有为大声疾呼：中国这个号称礼仪之邦的文明古国，历史上曾出现过许多仁人志士，为什么就没有人站出来反对缠足，为女子说几句公道话呢？他发誓，要把当时约占全国人口半数的两亿妇女从缠足的痛苦中拯救出来。

光绪九年（1883），康有为的大女儿康同薇年满5岁，按照封建习俗就要每天给她缠足了。但是，康有为坚持不让自己的女儿缠足。这件事在故里乡人和宗族父老中间引起了强烈震动，有人公开站出来指手画脚，有人用讥讽的语言进行攻击，也有人怀着惊奇的目光注视这种"反叛"行动，有些同族长辈甚至准备

康有为与女儿，左起为康同璧、康同复、康同薇

强迫康同薇缠足。但康有为毫不动摇，而且也不给次女康同璧缠足。逐渐地，有不少妇女也出来反对裹足，以解除自己的痛苦。

当时，在离康有为家不远的上金欧堡松圹村，住着一位开明绅士区(ōu)谔良。他曾经在清政府任官职，被派驻到美国、日本等国出使过，还是清政府驻美国哈佛大学幼童出洋总局的总办，他家里的女孩子也一律不裹足，这对于康有为来说无疑是找到了一个"知音"。

为了进一步在全社会推动不裹足运动，康有为联合区谔良，酝酿成立了一个"不裹足会"，他亲自起草了《不裹足会草例》。在章程中明确规定，凡是自愿参加这个会的人，首先应当保证不替自己家庭里的女孩子裹足。其次，对于已经裹足的妇女，不采取强迫命令要她们放足，但如果本人愿意放足，广大会员就要前去向她表示庆贺。

有了康有为反对裹足的榜样，又有"不裹足会"的宣传鼓动，社会上参加不裹足会的人逐渐多起来，暗中在自己家里开始不裹足的人就更多了。光绪二十一年（1895），康有为又到广州开展妇女不裹足运动，并成立了粤中"不裹足会"。

在康有为"不裹足会"的影响下，上海、北京、福州和湖南、江苏等地广大城乡也陆续开展了不裹足运动。光绪二十一年（1895），梁启超、谭嗣同等发起了全国性的"不裹足会"。"不裹足会"由一个民间团体发展为全国性的反对缠足运动。其总部设在上海，省设分会，州县设小分会（参见黄晶著：《康有为传》，北京联合出版社2013年版）。

中法战争从光绪九年（1883）至光绪十一年（1885），总共延续了2年多，影响遍及南方各省，在中国的广西、福建、台湾、浙江省以及邻近的越南，都发生了激烈的战争。法国侵略者从侵占越南开始，企图占领和控制中国的南方几省。由于清政府在侵略者的步步紧逼下，没有思想准备，缺乏对策，一会儿与对方议和签约，一会儿又与对方发生激战，因而造成战争的不断失利。驻守在福建马尾的清军水师遭受法国舰队的突然袭击，在海战中，7艘舰只被击沉，官兵伤亡700余人，几乎全军覆没。虽然在战争中，刘永福的黑旗军曾经多次打败法军，冯子材在镇南关也取得了辉煌的胜利，法军企图侵占台湾淡水和浙江镇海也都受到坚决抵抗，但是腐败的清政府却下令"乘胜即收"。结果法国侵略者在战争失利的情况下却在谈判桌上得逞，获得了在中国建筑铁路等大量特权。清政府竟变成了一个实际上的战败国。

这场结局奇怪的战争震惊了无数爱国的中国人的心灵，引起了很多有识之士的反思，其中也包括康有为。

中法战争初期，康有为本来住在广州，后来受战争影响，被迫回乡避难。战争期间，广东省各地曾经出现自发的群众性反法示威，香港船坞的中国工人拒绝修理法国军舰，码头工人不给法国轮船装卸货物，还举行了抗议港英当局镇压反法斗争的罢工罢市。旅居日本、美国和东南亚一带的爱国华侨，为支持国内的抗法战争发动了爱国捐款。中法战争激发起全民族的爱国热情，一些先进的中国人开始认真思考救国救民的途径，也促使改良维新思潮进一步发展起来。

中法战争对康有为是一次很好的爱国主义教育。帝国主义侵略者的强横野蛮，清政府的腐败怯懦，举国上下的爱国热情，广大军民的英勇抗战，尤其是福建马江战役中国水师全军覆没的惨剧，促使康有为进一步思考变法维新的道路。他后来在《康南海自编年谱》里说："计自马江败后，国势日蹙，中国发愤，只有此数年闲暇，及时变法，犹可支持，过此不治，后欲为之，外患日逼，势无及矣。"他从中法战争的经过和结局中看到，清政府的势力一天比一天衰弱，只有发愤图强，及时下决心进行变法维新，改良政治弊病，才有可能支撑住政权，倘若错过这个时机，等到帝国主义进一步侵略，那时就是想变法维新也来不及了。

5. 昏世清雷，上书清帝

光绪十四年（1888），京城又举行顺天乡试，已经30岁的康有为决计再次赴京参加考试。

其实，在京城举行的顺天乡试由于汇聚的人才很多，远比各省内的乡试竞争激烈，康有为之所以舍近求远，大概一是因为他已多次落榜，在本省考很容易碰上熟人，面子上不好看，而在京城这方面的顾虑就少一些；二是因为张鼎华曾多次邀他到京城一游，他本人也很想利用这个机会，去多结交一些有政治影响力的士大夫和官吏，以帮助自己一展抱负；况且，经过几年的苦读，他觉得自己此时已今非昔比，对在"俯读仰思"中建构起来的"经世之学"很有自信，为自己"学有所得"而颇为"倜傥自喜"（康有为：《我史》，《康有为全集》第五集，第72页）。在康有为看来，他的这套学问必须依托上层人物才有实现的可能："加十年讲求经世救民之学，而日日睹小民之难，无以济之，则不得不假有国者之力。"（康有为：《与沈刑部子培书》，《康有为全集》第一集，第237页）

然而，当到了北京之后他才得知张鼎华已卧病不起。没多久，张鼎华就去世了。失去了这位熟悉上层路线的忘年交的指点，康有为在京城的活动只能靠他自己了。因此，帮忙料理完张鼎华的后事，志在必得的康有为就参加了乡试。其间，他又充分利用了张鼎华为他介绍的各种关系，在京城访问名流，遍谒权贵，努力在京城上层社会建立起自己的人际关系，并试图以其变法主张去对官员和士大夫施加影响。

这一努力也初步取得了一定的效果。一些京官如屠仁守、沈曾植、黄绍箕等，都对其变法的政治主张表示支持和理解。

但是，在一些身居高位的上层人物那里，康有为的这套手段却碰了壁。大概是因为很难找到机会拜谒这些人物，他就采用书信方式恭维他们，并向他们推销自己和自己的主张，时任礼部尚书和军机大臣的潘祖荫、帝师翁同龢、大学士徐桐以及曾纪泽等人都收到过他的信。在这些信中，康有为总是大谈国家的危局和自己的变法主张，希望借此得到高官们的赏识，还请他们利用能接近太后、皇帝的机会，去"感悟圣意，使翻（幡）然有欲治之心"（康有为：《与潘文勤书》，《康有为全集》第一集，第169页），以推动变法的实施。

然而，康有为乃一介布衣，无人引荐，就贸然向高官自我推介，并发出那种位卑而言高的议论，透露出了他的功利、自负和迂阔。因此，这种自荐不仅让人觉得他别有所图，且显得缺乏儒生的矜持和分寸，颇让那些大人物感到不快，他们不仅未被康有为的书信打动，反而认为他是一个"妄人"，所以这条路康有为并没有走通。

正当此时，由于山洪暴发，关外的清祖陵发生了崩塌。本来就颇有些迷信而又相信董仲舒"天人感应"说的康有为，将这次自然灾害引发的事件视为不祥的"奇变"，从中，他似乎听到了上天发出的警告。既然靠上层走关系走不通，那么，"天意"的召唤可能就是最后的机会了，康有为决定冒险一搏，直接向慈禧太后和光绪皇帝上书，这便有了题为《为国势危蹙祖陵奇变请下诏罪己及时图治折》的上书，也就是著名的《上清帝第一书》（康有为：《上清帝第一书》，《康有为全集》第一集，第180—184页）。

上书一开头，康有为就施展了自己的国际政治知识，呈现了一幅"国势危蹙"的图景，一方面是"外夷交迫"："自琉球灭、安南失、缅甸亡，羽翼尽翦，将及腹心。比者日谋高丽，而伺吉林于东；英启藏卫，而窥川滇于西；俄筑铁路于北，而迫盛京；法煽乱民于南，以取滇粤"；另一方面则是内乱方起："教民、会党遍江楚河陇间，将乱于内。"而作为首善之区的京师，也"兵弱财穷，节颓俗败，人情偷惰"，而统治者却对危局毫无意识，依然骄奢淫逸，醉生梦死："上兴土木之工，下习宴游之乐，晏安欢娱，若贺太平。"

在这样一幅乱世图景的铺垫下，这位大胆的书生提到了关外祖陵崩塌这一"奇灾异变"，将它视为上天对"朝廷晏安,言路闭塞,纲纪日隳"的"大告警厉";并以此为据,吁请太后、皇帝下罪己诏,求言图治。他甚至告诫太后和皇帝说,若不加警醒,继续"土木不息""驱驰乐游","天下将以为皇太后、皇上拂天变而不畏,蓄大乱而不知,忘祖宗艰大之托,国家神器之重矣",如此下去,"民穷难保,栋折榱坏"就将不可避免。

　　在对危局及其后果做出这些判断之后,康有为针对现状,提出了变"祖宗之法"、通上下之情,以"使臣下人人得尽其言于前,天下人人得献其才于上"以及"慎声色""辨忠佞"等建议。这些建议看起来似乎并无多少新意,却也暗藏玄机:以日本变法为样板,强调"变成法"颇近中国国情;开言路以"通下情"的要求,则暗含着后来设议院、办报纸的主张;"慎左右"的吁求,更将矛头指向太后和皇帝身边的保守派。

　　由于清朝身份等级极严,又累兴文字狱,因此,像康有为这样一个没有取得任何功名的布衣之士,以如此大胆的言论向最高统治者上书,讥讽时政,直指最高层,的确是一个冒天下之大不韪甚至以生命为赌注的举动,无怪被时人视为"病狂",加上他的一些言论还涉及朝廷用人方面的问题,引起保守派朝臣的厌恶也是必然的。所以在请人代为呈递该上书的时候,康有为颇费了一番周折,最后却还是无果而终。

最初,国子监祭酒盛昱答应替他代呈上书,但掌管国子监的翁同龢看到上书之后,很担心其中有关人事方面的言论会引起麻烦,不愿因此得罪反对康有为的许应骙等人,所以没有允许盛昱代呈这份上书。

其实,康有为对自己上书的举动和其中唐突的言论也颇为忐忑。当把上书交给盛昱后,他给弟弟康广仁去了一封信,提到此事他从容中透着不安:"乃一感悟天意,如天之福,不然,或以言事得罪。"但他自我安慰说:"本朝待臣下至厚,不患有他,至重不过下狱,或出戍而已。"他甚至夸耀道:"计公卿自翁、潘、御史屠皆爱我,必相救也。"不过,他还是做好了最坏的准备,让弟弟别将此事告诉母亲,说若自己出事让他照料好家人(参见康有为:《与幼博书》,《康有为全集》第一集,第175页)。

盛昱代呈未果,又让康有为去都察院将上书交给都察院御史祁世长,因为祁世

翁同龢

长表示可以代递。临去都察院的那天早晨，康有为产生了一种不祥的预感。那天，即将出门时，仆人告知，菜市口刚刚行刑，车过不去，这让他情绪变得很糟："吾上书而遇杀人，兆大不吉，家有老母，岂可遂死？"但很快，救世抱负和天命观就压倒了他的恐惧："吾既为救天下矣，生死有命，岂可中道畏缩？慷慨登车，从南绕道行。"（康有为：《我史》，《康有为全集》第五集，第72页）

然而，上书交给祁世长后就没有了消息，据说，是因为临上朝的那天，祁世长生病了，康有为只得抱着希望等待他病愈后完成允诺，但最终这封上书也没有送抵御前。祁世长为什么变卦已无从知晓。不过，因为上书不达，康有为设想的那些后果都没有发生，而上书的内容却以某种途径被人传播开来。康有为也因为布衣上书的举动和其中的言论而名噪京师，"当时举京师之人，咸以康为病狂"（梁启超：《戊戌政变记》，《梁启超全集》第一卷，第181页）。原本无籍籍之名的监生就这样有了名声。

乡试已经结束，上书也无果而终，康有为本该回去了。但这时，冬天已经来临，渤海海面结冰，轮船无法开行。南归无计的康有为只能继续滞留。

不久后，康有为的政治盟友、对弊政颇为不满的屠仁守因言获罪被革职，变法的言论受到了钳制。他的另一位支持者沈曾植害怕他再惹出事端，劝他不要再谈国事。于是，住在"老树蔽天"的汗漫舫中的康有为，寂寞中只好一面以读金石碑文为消遣，撰写书法著作《广艺舟双楫》，一面研读经学。正是在这时，他读到了廖平的书，开始"发古文经之伪，明今学之正"。

就这样，在京城挨过了漫长的冬季。到了次年春天，坏消息接二连三地传来：他的三妹病故了，这让他十分悲痛；乡试的结果也出来了，他再次落榜。康有为将这次落榜归于上书惹下的祸端（据康有为说，当年他乡试名列第三，某考官熟知其文风，看到其试卷，说"此卷当是康某"，徐桐得知，称"如此狂生，不可中"，导致他落榜。事见《我史》，《康有为全集》第五集，第73页）。在滞留京师的大半年时间里，他不仅充分感受到这个老大帝国风雨飘摇的处境，而且也体会到了像他这样的"布衣"书生在窳败的制度和黑暗的官场面前的无力。他对实现自己抱负的那种初来时的信心如今已荡然无存。

三、贯通中西，敢为天下先

1. 康氏新说，为儒学凿开窗口

儒家学说在漫长的历史长河中发展，经过历代儒者诠释和阐发，虽然呈现出一种流动发展的态势，却未能发生质变与飞跃。直到19世纪末20世纪初，康有为运用西学对它做出近代意义上的解释，使其贯通中西，实现了儒学思想近代化，才开创了儒学发展的新视角。

康有为开创儒学近代化的系统工程多层次地反映出中西文化的交流与贯通。在自然观上，康有为以康德和拉普拉斯星云说，结合中国古代唯物主义元气说，创立了康氏的元气星云说，形成唯物主义自然观的理论体系。在伦理观上，康有为以卢梭平等说与边沁功利主义扩展孔子的仁学，独创贵仁重智的新伦理学。在政治观上，康有为以孟德斯鸠三权分立说与卢梭社会契约论改造汉儒的君权神授说，提出中国资产阶级君主立宪的政治纲领。在经济观上，康有为用西方的"以商立国"与"以工立国"改变中国传统的"以农立国"的方向，制定发展资本主义的经济纲领。在教育观上，康有为以全民教育和职业教育发展孔子有教无类的思想，确立了资产阶级的普及教育的方针。在社会观上，康有为以柏格森创造进化论，改造儒家的公羊三世说，建立康氏三世说；以傅立叶的空想社会主义与孔子大同思想相结合，创造康氏的大同乌托邦。长期以来，儒学一直被封建地主阶级用来巩固自己的统治，而到了康有为手里，经过西学的充实与改造，把它创造成为资产阶级维新变法服务的理论，标志着儒学走上近代化的轨辙。

开创儒学的近代化，是时代巨变的产物与民族斗争的需要。在康有为以前，我国学贯中西者代不乏人。明末清初的徐光启、王锡兰、梅文鼎，清末的龚自珍、魏源、冯桂芬、薛福成、马建忠等人，对中西之学都有较深的造诣。为什么他们未能像康有为那样将儒学与西方文化熔为一炉，实现儒学近代化呢？除了个人的学养与机遇外，其根本原因是现实斗争还没有这种迫切需要，西学东渐还不够充分。也就是说，在康有为之前，还不具备儒学近代化的历史环境和条件。从明末清初到甲午战争前，中西文化的时代差距已经出现，但是中国封建专制制度的腐朽性还没有充分暴露，软弱的民族资产阶级还没有提出近代自由、平等、民权、议院等各方面的迫切需求。因此，徐光启、王锡兰、梅文鼎等人只注重吸取西方的天文历算和水利农务知识，在传统经世学中开出了一条科技通道；龚自珍、魏源都是今文经学者，面对西方文化发出了"师夷长技以制夷"的呼声，在儒学的墙壁上打开了睁眼看世界的窗口；冯桂芬、薛福成、马建忠等人提出了"中体西用"的思想，赞成"船坚炮利"以抵抗外侮，成了洋务派的理论家。从徐光启到龚自珍、魏源，再到冯桂芬、薛福成、马建忠，他们都在不同领域内掀起向西方学习的波澜，但他们中间没有一个人能够担负起开创儒学近代化的历史使命。

甲午战争以后，世界情势急剧变化。中国惨遭失败的残酷事实证明，洋务运动无法使中国自圆"富国强兵"之梦。严酷的现实告诉中国志士仁人，要救国只有维新，要维新只有学习外国，在救亡图存的号召下，中国民族资产阶级需要自己新型的知识分子和新的思想理论武器，这就掀起了向西方学习的波涛骇浪。

康有为生当祖国危难之际，身处西风首先吹拂的南国海域，博学多识，感情丰富，他的知识结构和思维方法与以往传统儒者不可相提并论，他完全抛弃了以往儒者以儒解儒的传统方法，而是善于将儒学与西学交叠会融，以儒学为根底，以西学为花果，收到"化古昔为今务"的功效。

康有为推动的儒学近代化在儒家思想发展史上具有里程碑式的意义，也是西学中国化和儒学西方化的成功化合的展示。东西两大文化的交流产生了一种新型文化，在近代中国历次政治、经济、军事激变中，都或隐或现地表示出其存在的价值。

儒学近代化的进程表明儒学是一种开放的、流动的、发展的文化，而不是封闭的、静止的、不变的体系。有少数研究儒家思想的学者断言，儒学是封闭的、静态的黄土文化，甚至把它比喻为一条干涸的河流，正在走向死亡。事实恰恰相反，只要我们仔细地综观儒学的发展历史，抛掉民族文化虚无主义的偏见，就能逐步体察到儒学内涵深邃，不同时代思想家对它做出不同的诠释，为当时的现实政治服务；儒学胸襟广阔，吸纳百川，将不同时代的不同阐发都沉淀在自己血统里，使自身不断丰厚，不断拓展。一部儒学思想史是一个思想动态的发展史——它发源于先秦儒学，流经西汉儒学，穿越宋明理学，直到清末的儒学近代化，恰似一条川流不息的江河，从古代流淌到近代，从近代流淌到今天。尤其康有为等人把大量西学注入这条思想大河之中，使它和世界各国文化之河相汇通，一直流向五大洲四大洋的文化思想海洋。

西学东渐和儒学近代化，是资产阶级维新变法的两大理论支柱。戊戌维新时代的中国思想界正面临着两难选择，全部继承儒学传统是无法为资产阶级现实政治服务的，全盘吸收西方文化又不易被长期受儒学熏陶的中国知识界所接受。这种对传统文化与西方文化的相反态度，从两个不同方向阻碍着资产阶级维新运动的发展。康有为立足于中国传统儒家文化，勇于吸收西学中适合中国的优秀成分，开创了儒学近代化思想新格局，为中国民族资产阶级实行资本主义的政治、经济、文化、教育，提供了新的近代理论依据，从西方思想武库中找到了救国救民的理论武器。

儒学近代化同时在中西文化交流史上揭开了新的一页。中西文化虽然是两个不同的文化思想系统，但儒学近代化表明中西文化存在着巨大的互容性。在近代中西文化交流中，康有为既不是简单地挥舞"中体西用"，也不是片面地固守"国粹主义"，更不是绝对地"全盘西化"，而是采取纵向继承中国优秀传统文化，横向吸取西方进步学说，古为今用，洋为中用，融会古今中外，进行重构创造，既促使儒学近代化，又促使西学中国化，编织出一幅以中学为经线，以西学为纬线的绚丽多彩的思想画面。

2.万木草堂，革新"国民之愚"

光绪十四年（1888）冬天，康有为做了一件惊世骇俗的事，即以布衣之身上书皇帝不达。上书本是忧国忧民之举，却反被封建顽固派斥为狂生狂言，遭到社会舆论的嘲笑。

为什么会出现这种情况呢？

康有为苦思冥想，得出一个结论：这是因为"以国民之愚，而人才之乏也。非别制造新国之才，不足以救国，乃决归讲学于粤城"。（陆乃翔等：《新镌康南海先生传》）

康有为决定从教育入手，传播维新思想，培养变法人才。他认为："欲任天下之事，开中国之新世界，莫亟于教育。"（梁启超：《康有为传》）

光绪十六年（1890）春，康有为举家迁往广州，居城内布政司前惠爱街曾祖父康式鹏（字云衢）的祖传老屋云衢书屋。环境的改变使康有为苦闷的心情有些好转，他准备好好读读书，过一段安静的日子。

当时，康有为全家迁往广州，是羊城学界的一大新闻。康有为京城上书，早已传遍广东，在广东知识分子中引起很大震动。康有为在人们的心目中一时间

梁启超

成为传奇式的人物。

然而,当时一般士人和官绅都不敢接近康有为,生怕惹祸上身。就在云衢书屋门可罗雀的情况下,一个年轻的书生打破了康有为生活的宁寂,前来登门拜见。

这个人就是陈千秋。时间是光绪十六年(1890)四月。

陈千秋是康有为的第一个受业弟子,梁启超是康有为的第二个入门弟子,与康有为的相识,完全改变了梁启超的命运,而梁启超也是康门弟子中最卓越的人物。

继陈千秋、梁启超之后,又有徐勤、曹泰、韩文举、梁朝杰、陈和泽、林圭等先后投到康有为的门下,到光绪十六年(1890)底已达20余人。第二年春天,康有为应陈千秋和梁启超等人之请,租赁广州长兴里邱氏书屋作为新的校址,命名为长兴学舍。一年后,"以来者日众,旧址不敷周旋"(梁启超著:《康有为传》,

团结出版社2004年版），又移址于卫边街邝氏祠。光绪十九年（1893）冬，又迁校于广府学宫文昌殿后的仰高祠。康有为正式给学堂命名为"万木草堂"，亲题匾额高悬堂上，寓有培植万木，为国栋梁之意。

从光绪十七年（1891）到光绪二十四年（1898）八月二十二日万木草堂被查封，共7年多时间，康有为在这期间为自己的维新变法活动培养了一大批有用之才。可以说，没有他的学生们的帮助、支持，很难想象维新变法会不会出现，至少可能要晚许多年。

康有为创办草堂的目的就是培养人才。他虽达到了目的，但是他没有预料到，在他的后半生中，"师贤于弟子"变成了"弟子贤于师"。支持他的弟子后来开始反对他，赞美他的弟子转而批评他。其原因在于康有为

万木草堂内景

自身，这就是后话了。

康有为一生中的各项政治活动，大都是依靠师生关系和朋友关系开展的。其中师生关系尤为重要。

作为教育家的康有为是伟大的。伟大之处在于，他以一种全新的教育思想，运用独特的教学方式，为自己的变法，也为中国的社会培养了一批全新的人才。

万木草堂在广州的影响一天比一天扩大，学生也不断增加。先后有100多人到那里去拜师求学。

康有为每天天一亮就起床，穿一件整洁的绸布长衫，从他居住的云衢书屋步行到万木草堂。每次讲课，他总是正襟危坐，全神贯注。讲桌上除了一壶清茶，没有别的书本和资料之类的东西。康有为面对学生，开始滔滔不绝地引经据典，纵论中外古今天下大事。他思想敏锐，记忆力很强，又有分析综合的思辨能力，学生听得如痴如迷。往往一开讲就是大半天，他却精神抖擞，毫无倦容。梁启超在《康有为传》里回忆康有为讲课的神情时曾经用"如大海潮，如狮子吼"的形象加以比喻，还说他的讲课不但有气势，有声色，而且诲人不倦，善于循循诱导，反复启发。每当讲到一件事，他总是上下古今，探究它的历史变迁和是非得失，并且拿西方先进的东西来加以比较，使学生触类旁通，开阔视野，活跃思维。往往讲的人忘了疲倦，听的人也忘了疲倦，使学生"心悦而诚服"。

万木草堂里有一座藏书丰富的"书藏"（图书阅览室），藏书有300多箱，几万卷。除了古代的典籍善本，还包括当时严复等人译著的关于西方先进科技的书籍。"书藏"由学生轮流值班管理。康有为把家里珍贵的藏书都送到那里。

到草堂学习的学生，除了听康有为讲课，主要是靠自己读书，写读书笔记和心得。康有为对读书笔记很重视，认为这是培养和观察学生分析思考能力的好办法。他发给每个学生一个本子，要求学生把自己的读书心得写在上面，每半个月要交上来检查一次。康有为十分认真地批阅学生的读书笔记，常常是学生提出一个小疑问，他就写上一大段文字来详细解答。学生的一本笔记本写满后，就收上来统一加以保管。

万木草堂里还有一本《蓄德录》，每天挨着学生宿舍传递，每个学生每天都要在这个本子上写几句古代格言名句，由学长选录出其中好的警句，抄录后张贴在墙上，以促进学生奋发向上，提高思想境界。每过一段时间，康有为就要来查阅《蓄德录》，通过查阅了解学生的思想活动。他还经常深入到学生宿舍，找学生个别谈话，了解学生的情况。因此，他对学生的学习和思想情况了如指掌，能够根据不同的学生因材施教。

由于康有为的身教和言教，万木草堂里逐渐形成与当时社会上其他书院完全不同的新学风。

　　为了培养新一代变法人才,康有为反对"两耳不闻窗外事,一心只读圣贤书"的旧学风,强调做学问一定要联系实际,要学以致用,要树立起拯救国家民族危亡的崇高爱国精神。他在万木草堂里身体力行,引导学生去关心国家的命运和前途,激励学生的爱国主义思想。每当他在课堂上讲到外国侵略者对中国的侵略,国家处于生死存亡关头的时候,常常慷慨激昂,声泪俱下,使学生们深受感动。

　　康有为还十分注意培养学生的独立思考能力。他反对学生死读书,读死书,努力把学生从八股文的僵化模式中解放出来,提倡独立思考、自由发挥的新学风。他每个月都要找学生个别谈话,检查读书笔记,解答学习疑难,多方面培养学生独立观察问题和思考问题的能力。康有为在《追思陈千秋、曹泰》一文中,曾经记述万木草堂里两名不幸早逝的学生——陈千秋和曹泰。他认为,这两名学生都很有才气,陈千秋比较重视实践,曹泰则富于理想。他们两个人虽然私人交往很深,但在学术观点上却各有一套,互不迁就,而且两个人都长于思辨,每次在课堂上进行学术辩论时,往往有几十个人围着他们。每当陈千秋发表一个意见,围观的人都以为曹泰无法回答,等到曹泰巧妙地加以答辩,又以为陈千秋一定不能再加以反驳了,但陈千秋却照样据理力争。通过他们两个人的辩论，使围观的学生受到独立思考能力的启发。而这正是康有为教书育人所要达到的一个重要目的。

万木草堂里还有一个储存礼乐器具的仓库，里面储存着学生们学习礼仪的器具，也有学生进行业余文娱活动的乐器。康有为经常和学生们一起，唱着他编写的《文成舞辞》，跳着他编排的"文成舞"，在鼓乐声中翩翩起舞，放声高歌。康有为还经常带领学生到广州地区的越秀山、茶坡精舍、红棉草堂等风景名胜地游览观光，在山水林木之间，纵情欢乐，悠然自得。

康有为在万木草堂里推行的一套新的教育内容和方法，在社会上得到一些开明人士的支持，其中包括一些外国进步人士。日本人田野橘次为了支持康有为的办学和维新主张，曾经到万木草堂讲学，并向康有为求教。百日维新运动失败后，他还保护万木草堂的几十名学生逃到香港避难，并协助康有为流亡日本。

万木草堂发展到后期，已经不仅仅是一个推行维新教育的学舍，也是推进变法维新运动的重要阵地。因此，它受到了封建顽固势力的反对和攻击。在百日维新失败后，万木草堂受到很大的破坏。光绪二十四年（1898）八月二十二日，清政府下命令查封万木草堂，把300多箱图书一把火烧光，还下令把康有为所有的著作毁版，禁止发行。

3. 思想飓风，出版《新学伪经考》

光绪十七年（1891），康有为在广州写成了《新学伪经考》，当年就有4种翻刻和石印版在社会上广泛流传。不久，清朝政府下令毁版，禁止出版发行。但《新学伪经考》这本书却像"野火烧不尽，春风吹又生"的原上草，旧的刻版被毁掉了，很快又有新的刻版出现。清政府不得不在光绪二十四年（1898）和光绪二十六年（1900）先后两次下令毁版。辛亥革命后，其于1917年改名为《伪经考》出版，钱玄同写了一篇长序。中华人民共和国成立后，又于1956年由古籍出版社重印出版。

康有为的学生梁启超后来在回忆这本书时，曾经把它的出版和流传，描绘为"思想界一大飓风"。这本书从表面上看，似乎是在讨论中国传统学术上的"古文经学"和"今文经学"的学派之争，但是书中不仅批判了"古文经学"派的主要人物刘歆篡改孔子著作，伪造古文典籍的种种表现，而且指出其目的是企图从学术上为封建王朝的争权夺利服务。同时，康有为在批判"古文经学"派时，还充分地运用西方的进化史观，特别是社会达尔文主义思潮，联系中国的社会政治现实，企图以此来动摇封建制度赖以生存的正统观念,为变法维新奠定理论基础。

但是,这本书却在清政府内部引起一连串的风波。清政府里一个中层官吏叫余联沅,在光绪二十年(1894)给皇帝上书,认为《新学伪经考》在海内外广泛流传,公然号召青年人去反对传统思想,许多人已经受到这种观点的煽动。皇帝应当下命令烧毁这本书,并且要以煽动造反的罪名杀掉康有为。

这年的七月,清政府发通告给管理广东和广西一带的最高行政长官两广总督李瀚章,要他查明上报。李瀚章虽是个官员,但不学无术,对此事无从下手,就叫广东一名精通学术的地方官李滋然去调查。李滋然接受调查任务后,感到事情非常棘手。这时,他受

李鸿章(左)和李瀚章(右)

到一个好朋友林舜琴的劝告,要求他为广东珍惜知识人才。于是,他就巧妙地写成一篇调查报告,结论是康有为这本书并没有"离经叛道",既保全了皇帝和两广总督下令调查的面子,又为康有为开脱了罪责。由于李滋然的据理力争,避免了一场冤案的发生。

光绪十七年(1891)康有为的《新学伪经考》刚发表,并在社会上引起很大反响时,当时任两广总督的张之洞,曾经把康有为请到两广总督府里,劝他不要写这样的文章,以平息社会上的影响。但是康有为坚持自己的观点,未听劝阻。

4. 宣传变法,撰写《孔子改制考》

在《新学伪经考》风波还未平息时,康有为在梁启超等人的协助下,又开始撰写《孔子改制考》。《孔子改制考》共计21卷,约34万字,这在当时可以算是洋洋大观的巨著了。康有为从光绪十七年(1891)开始,先后用了将近8年时间才完成这本书的撰写,于光绪二十四年(1898)春天在上海正式出版。

与《新学伪经考》相比,这本书对社会现实更有针对性,也具有更明显的政治色彩。所以嗅觉十分灵敏的清政府在这本书出版后不久就下令毁版,禁止发行。保守派的王先谦等人骂康有为这本书是"无父无君"，要求把作者处死；洋务派的张之洞也改变了态度，他写了一篇《劝学篇》，企图去抵消《孔子改制考》在社会上的影响；甚至一些比较开明的人士如陈宝箴、孙家鼐等人也上书皇帝，要求查禁。

王先谦

但是这本书对具有维新思想的人却有很大的吸引力。因此，尽管统治阶级宣布禁止出版与传播，但它还是悄悄地在社会上流传。光绪二十六年（1900）清政府又一次下令严禁此书流传。辛亥革命后，《孔子改制考》1920年才得以万木草堂的名义重新公开出版。

《孔子改制考》表面上是在论述孔子的学术观点和地位，实际上是借孔子的口，用孔子之名，来宣传维新变法的理论主张。书中首先把孔子说成是一个"托古改制"的大学问家、大政治家。所谓"托古改制"，就是借托古代的圣人圣言，来宣传变革社会政治的主张。康有为把孔子描写成一位主张社会进步和政治革新，反对因循守旧的社会改革家。他认为，孔子在当时就觉得社会制度有不完善的地方，所以才著书立说，试图改革现存的社会制度，康有为是想说明，改良思想是古代就有的东西，而且在孔子这样一个被历代封建统治者尊为"大圣人"的人身上都表现得十分强烈。他这样宣扬维新变法思想，更容易深入人心，为社会各阶层所广泛接受。

书中还宣传了西方的进化论思想，并且把进化论融入"托古改制"主张中去。康有为在书上说：世界上万事万物都是先有比较粗糙的初级积累，然后才能进一步发展到精细的高级程度，总是先有低贱的后来才有高贵的东西，先有泥土然后草木才能生长，有了昆虫才逐渐地出现禽兽，而人类作为万物之灵，正是世界万事万物进化的结果。他从宇宙演化谈到生物进化，又从生物进化谈到社会进化和历史进化，强调进化和改革是历史发展的必然趋势。他把西方的自然科学研究和资产阶级民主思想融会贯通，用西方的先进观念来研究改良中国的社会政治制度，冲破了长期封建社会所形成的因循守旧、闭关自守的社会意识形态。

《新学伪经考》和《孔子改制考》为变法维新奠定了理论基础。确立了康有为在中国近代维新运动中的领导地位和历史作用。

5. 桂林讲学，傲立思想潮头

康有为曾有两次桂林之行。康有为在万木草堂的办学活动蓬蓬勃勃，受到许多有志青年的欢迎。随着万木草堂名气越来越大，来此学习的人也日益增多。康有为不仅教授他们文化知识，而且时刻不忘引导他们关心时事，树立以天下为己任的理想。在康有为的影响下，万木草堂的学子个个胸怀大志，人人立志学成报效祖国。同学们所到之处，积极宣传变法图强的理论，"每出则举所闻以语亲戚朋旧，强聒而不舍，流俗骇怪，皆目之，谥曰康党"。特别是康有为的《新学伪经考》发行之后，以其崭新的思想在社会上掀起了巨大的波澜。封建守旧派纷纷要求政府下令焚毁《新学伪经考》，把康有为逐出广东。在这种情况下，康有为离开广州，赴桂林讲学。

广东、广西相毗邻，康有为在广州通过办学和著书活动，使维新思想在广州，乃至广东各地广为传播。为了进一步扩大维新思想的影响，康有为非常希望到广西去播撒维新的种子。康有为在万木草堂的弟子龙泽厚，恰好是广西桂林人，他经常向康有为介绍桂林的风土人情，并再三邀请老师到桂林讲学。他对康有为说道："桂林山水优秀，人文荟萃，风俗质朴，吾师若肯莅桂一行,必将竭诚以待。"在龙泽厚的盛情相邀下,康有为于光绪二十年(1894)十一月赴广西桂林讲学。

康有为赴桂林讲学,虽说在当时有迫不得已的原因,但是我们看其在桂林讲学的效果就可以知道,康有为赴桂林讲学的真正目的在于培养维新人才。康有为非常重视教育救国,而且,其维新事业也是从办教育开始的。经过办学,广东维新人才不断涌现,那为什么不能带动邻省呢?康有为热切希望自己的思想能早一天在广西传播,从而使维新运动在广西也能蓬勃兴起。因此康有为赴广西的真正目的在于培养更多更好的变法维新人才。

第一次赴桂林讲学,康有为首先登门拜访当地的四大书院的山长。经古书院山长名叫龙朝言,是龙泽厚的父亲,他虽然对康有为以礼相待,但也是勉强应付。宣城书院山长石成峰与康有为是话不投机。秀峰书院山长曹训对康有为不仅不理不睬,而且大加诬蔑,他说道:"吾不愿见此人!此人名为尊孔,实为蔑孔,孔子向称素王,而康则自号长素,岂康之学问道德,更有大于孔子者。可见其非圣无法,离经叛道,为害将无所底止,汝等何为乐此耶?"只有桂山书院山长周璜欢迎康有为的到来。虽然来自各方面的阻力很大,但康有为并没有因此气馁,相反,这更加坚定了他在广西培养维新人才的决心。他在风景秀丽的叠彩山景风阁住下，以前厅为讲堂，开始了他的第一次桂林讲学。

康有为第一次在桂林讲学的时间不长，前后只有40天，但其影响却不小，康有为的讲学活动给广西思想界吹来了一股新风，"影响颇多，人知爱国御敌，兴学堂、重体育，设会讲学，文武兼备，风气之变速而巨"。康有为临行前曾挥毫作诗《和临桂周黻卿翰林有感》，表达自己忧国忧民的心情：

> 兵甲满天地，苍生竟若何？
> 蹉跎梦金马，感怆泣铜驼！
> 避地梁鸿去，忧时杜牧多。
> 只愁好春色，无处著烟萝！

光绪二十三年（1897），康有为第二次满怀信心地来桂林讲学，于正月初十日（2月11日）抵达桂林。与上次不同的是，这次康有为受到了来自社会各阶层的欢迎，特别是当地的士绅也对康有为的讲学活动大力支持，如广西按察史蔡希邠、经古书院山长唐景崧等人都与康有为经常来往，所以康有为第二次桂林讲学与第一次情况大为不同。他深有体会地说："桂林山水之佳，岩洞之奇，天下无有，分日寻幽，搜岩选胜，地方长吏发蔡廉访，士夫如唐薇卿更迭为欢。门生颇多，

唐景崧

以此留连,未忍去也。"康有为作了一副对联悬挂在景风阁大厅,上面写道:"努力崇明德,随时爱景光",借以表达自己的心志和决心。

康有为第二次桂林之行,除了讲学宣传维新思想外,还为组织维新力量,宣传维新思想,创办了广西第一个学会、第一所学校、第一份报纸。这几件大事办成后,古老的桂林城为之沸腾。

康有为两次赴桂林讲学,传经布道,宣传维新思想,在当地产生了很大反响。那么,他在桂林的讲学与在广州的讲学风格是否类似呢?下面就专门介绍康有为在桂林生动的讲学活动。

如上文所说,光绪二十一年(1895)正月,康有为抵达桂林,住在风景秀丽的叠彩山景风阁。叠彩山位于漓江西岸,素有"江山会景处""玉叠蓬壶""清凉世界"的美称。它包括于越、四望两山和明月、仙鹤两峰,因山石层层横断如堆彩叠锦,故名叠彩山。山的南麓有叠彩山风洞,面积大约20平方米,风洞内唐代元晦的《叠彩山记》《四望山记》等石刻仍然完整无缺地保存至今。叠彩山的山崖上，题刻随处可见，包括诗文、题名、榜书，图画雕刻，形式各样，内容丰富。

当时来此拜师学习的弟子，除龙泽厚、龙应中（后改名志泽）、赵治天、况仕任、龙朝辅5名发起人之外，还有汪凤翔、龙焕纶、黎尚元、薛立之、程式谷、黎文瀚、林泽普、王浚中、龚寿昌、龙潜等人。其中，龚寿昌和龙潜只有14岁，被破格录取。

康有为在桂林讲学期间，根据自己多年来创办学堂的经验，制定了具体的教学内容和方法。讲学内容，与广州万木草堂所讲的大致一样。据康有为在桂林讲学时的学生龚寿昌的回忆："康有为讲学的内容，常讲的是《春秋公羊传》，注重讲孔子改制、刘歆伪经、通三统、张三世等微言大义，及《礼记·礼运篇》大同的意义。并讲《荀子·非十二篇》学术的派别，《庄子·天下篇》庄子的尊孔，《墨子》《史记》《宋元学案》等。尤其注意讲中国学术的源流和政治革新的趋势，和他本人所著的《孔子改制考》《新学伪经考》。此外康还著有《桂学答问》《分月读书课程表》，指导阅读中西书籍的门径。受业的弟子，除听讲学和读《公羊传》外，并默读《资治通鉴》《宋元学案》《朱子语类》。还要依课程表选读、作札记或写疑义问难，由康解答。讲授时，听讲者即时笔录，并指定况仕任、龙应中两人编定送阅，批答后互相传观。"在康有为的谆谆教导下，学生们感到收获颇多。

在桂林讲学期间，康有为仍然贯彻《长兴学记》中德、智、体全面发展的教学方针，教学之余，经常带领学生进行一些文体活动。学长龙应中曾回忆道："先生谓徒言文学，不足以救国，必兼习武事，方能御外侮。"在课余时间，师生时常共同进行一些娱乐活动，以放松紧张的神经。"有时讲授毕，即率同人出游、司礼，或投壶，有时讲诗文、书法，同人乐甚。"（张林杰著：《康有为与康门弟子》，大象出版社2014年版）这样，师生之间的感情也更加深厚。

康有为还经常利用大自然的景观进行直观教学。"丁酉孟夏一夕，弟子赵治天、龙应中等约十余人往景风阁康师住所请益，未几雷电交加，康兴发，即率其带雨具，持风灯，穿过风洞后之望江亭上，观赏雨景，即指示声浪、光浪、电浪之原理。康师并谓：此种宇宙于自然现象，西人悉心研究，成为声学、光学、电学之原理原则，应用于人间，是以西国日进于文明，我等亦须精心研究等语，诸弟子闻言颇多觉悟。"（张林杰著：《康有为与康门弟子》，大象出版社2014年版）康有为这种直观教学法，无疑是给学生上了一堂生动活泼而具体的实验课。

康有为在桂林的讲学活动，既生动活泼，又注重联系实际，弟子们跟随他既学到了丰富的知识，又增长了许多新思想。康有为在桂林亲手"种植了一棵棵大树"。他期望着这些大树有朝一日能成为国家的栋梁之材。

由于康有为讲学生动活泼，既有独创性，又有现实感，因此，"来问学者，踵履相接，口舌有不给"，于是他特著《桂学答问》及《分月读书课程表》，作为指导学生的读书门径。康有为反复教导学生们，他的讲学只是交给学生打开学术大门的钥匙，入门以后，成就高低，造诣深浅，还要靠自己发愤努力，勤于思考，举一反三和善于应用，非一日之功也。

《桂学答问》是康有为在桂林讲学期间编撰的一部著作，它专为指导阅读中西书籍门径而作，全书约1万字。在《桂学答问》中，他对古文经学大加抨击，而对孔子改制学说却大为推崇，并列举西学书目。这表明康有为这时除从中国传统思想中寻取变法依据外，还积极涉猎西书，认为只有学习西方资本主义国家的文明成果才能救中国。这是康有为桂林讲学时期的学术成果。同时以《分月读书课程表》辅之，表中分国学、时务两门，其中，经、史、子等属国学，世界大势属时务。此外，他还要求学生学习绘图和枪法，掌握保卫国家和建设祖国的本领。

《桂学答问》对孔子《春秋》托古改制的精神倍加

推崇。康有为指出:"孔子所以为圣人,以其改制,而曲成万物,方为万世也。"他把孔子描绘成托古改制的大师,万世的祖宗,并且进一步解释说:"天下之所宗师者,孔子也,义理制度皆出于孔子,故学者学孔子而已。孔子去今天三千年,其学何在?曰在'六经',夫人知之,故经学尊焉。凡为孔子之学者,皆当学经学也。"这句话的大意是说,经书汗牛充栋,皓首难穷,因此,应集中精力专心研读《春秋》,因为孔子虽有"六经",但其微旨大义荟萃于《春秋》,如果学孔子而不学《春秋》,是欲其入而闭之门也。《春秋》有左氏、公羊、谷梁三家,但《春秋》"微言大义"多在《公羊》,故如《公羊》可通,而《春秋》亦可通蹟矣。康有为明确指出:"《春秋》所以宜独尊者,为孔子改制之迹在也。能通《春秋》之制,则'六经'之说,莫不同条而共贯,而孔子之大道可明矣。"这就很清楚地说明,康有为之所以推崇孔子,弘扬《春秋》,是为了通经致用,改革现实社会。

《桂学答问》为学生列出应读之书及方法。康有为推重《春秋》,他认为读《春秋》"苟能明孔子改制之微言大义,则周秦诸子谈道之是非出入,秦汉以来二千年之义理制度所本从违之得失,以及外夷之治乱强弱,天人之故,皆能别白而昭晰之,振其纲而求其条目,循其干而理其枝叶,其道至约,而其功至宏矣。"以《公羊》何注、《春秋繁露》《孟子》《荀子》《白虎通义》五部书,"通其旨义,则已通大孔律例,一切案情皆可断矣"。接着,他又仔细对研读经、史、子、宋学、小学、职官、天文、地理、词章、西洋书等的方法分条叙述,并列举书目,康氏认为读书要领会精神,讲究实用,反对死记硬背。他不断耐心启发学生,凡书有精粗,读书也应该分详略,自诸经而外,读书之法,在通其大义,非谓诵其全文,提要钩元,默而识之,若能举其辞,尤易触悟。

《桂学答问》强调学习目的在于通古今中外之故,任天下之重。康有为指出:"凡百学问皆由志趣,志犹器也,志大则器大,所受者大;志小则器小,所受者小。仅志于富贵科第所谓器小也,语之以天下之大岂能受哉?若有大志,则通古今中外之故,圣道王制之精,达天人之奥,任天下之重矣。"他告诉学生,读书做学问要首先立大志,不应仅迷恋于富贵科第,要以救国救民为己任。他做了一个生动而形象的比喻:"圣道既明,中国古今既通,则外国亦宜通知。譬人之有家,必有邻舍,问其家事、谱系、田园,固宜熟悉,邻舍其某,乃全不知,可乎?况乎相迫而来,我之所为,彼皆知之;彼之所为,我独不闻,尤非立国练才之道。"正因为此,他特意介绍了有关西方资本主义国家的律法,如《万国公法》、政俗(主要是《列国罗计政要》《西国近事汇编》)、西学(如《西学大成》《全体新论》《化学养生论》《格致鉴原》《格致释器》《格致汇编》)、交涉（如《夷艘寇海记》《中西纪事》《中西关系略论》《各国和约》)、数学（主要是《几何原本》《代数术》《微积分》《微积溯源》《代微积拾级》)等自然科学和社会科学方面的书籍，要求学生认真通读这些书籍，"而天下万国，烛照数计，不至瞑若擿涂矣。若将制造局书全购尤佳。学至此，则圣道王制、中外古今、天文地理皆已通矣"。

在《桂学答问》及《分月读书课程表》中，康有为积极引导学生们要注意学习西学，在西学中寻找维新变法的理论根据。他强调读书要讲求实用，"先搜其经世有用者"，尤其提倡读"西人政学"之书，然后才能在中国渐渐推行开来。

总而言之，《桂学答问》是中国近代教育史上的一篇重要文献，不应被忽视。

然而，也有不少思想保守的士人对康有为别具一格的讲学活动无法理解。他们见康有为率学生山游，手拈花枝，招摇过市，斥之为"狂"；见他时时率学生习乡饮酒礼或投壶礼，称之为"怪"者；又见他面临电闪雷鸣，雨骤风狂，不仅不躲避，反率学生登山观览，甚至骂康有为是"狂人怪物"。试想，像广西这样风气闭塞的士场，如果没有康有为这点"狂""怪""异"的劲头，怎样震荡起来呢？正是在康有为和广西有识之士的共同努力下，才使广西后来居上，在爱国、变革、进步的时代潮流中，走在全国维新运动的前列。

6. 光大本性，组织圣学会

康有为指出，要在政治上雷厉风行地进行维新变法，必须使国人意志统一，为此，他想到了宗教。正如梁启超所说，先生以为"欲救中国，不可不因中国人之历史习惯而利导之。又以为中国人公德缺乏，团体散涣，将不可以立于大地，欲从而统一之，非择一举国人所同戴而诚服者，则不足以结合其感情，而光大其本性"（梁启超著：《康有为传》，团结出版社2004年版）。而这个举国人所同戴而诚服者只有孔子。在康有为的眼里，孔子的教义最适合中国的国情。因此不管是在万木草堂的教学活动中，还是在桂林讲学期间，他都时刻不忘讲授和宣传孔子的思想。特别是他两次桂林讲学，看到广西在外国传教士的大肆活动下，耶稣教盛行一时，这更坚定了康有为振兴孔教的决心。于是，他决定在桂林发起成立一个"以尊孔教救中国为宗旨"的学会——圣学会。

康有为组织圣学会的活动得到了广西地方官绅的积极响应，他们对学会鼎力相助。广西按察使蔡希邠亲自出面主持，并为"草章程序文"，许多官绅也纷纷捐款、捐书。康有为亲自为圣学会起草了《两粤广仁善堂圣学会缘起》及《圣学会章程》。他在文中称颂孔子为"天下所宗师",孔子之所以为圣人,"为其仁也,仁者爱人,孔子栖栖皇皇,忧四海之困穷,思沟中之推纳"。这样一位宗师,本应当受国人敬重而顶礼膜拜,但可惜的是"深山愚氓,几徒知关帝文昌,而忘其有孔子,士大夫亦寡有过问者"。尤其令人担忧的现象是,"外国自传其教,遍满地球,近且深入中土"。而广西各地更是首当其冲,"顷梧州通商,教士猥集,皆独尊耶稣之故,而吾乃不知独尊孔子以广圣教,令布濩流衍于四裔",故特创设圣学会,"欲推广专以发明圣道,仁吾同类,合官绅士庶而讲求之,以文会友,用广大孔子之教为主"。以实现康有为设想的"上以广先圣孔子之教,中以成国家有用之才,下以开愚氓蛊陋之习"的目标。

在康有为为圣学会撰写的《圣学会章程》中,对圣学会的任务做了具体规定。第一,庚子拜经。康有为认为:"中国义理学术大道,皆出于孔子,凡有血气,莫不尊亲。外国自尊其教,考其教规,每七日一行礼拜,自王者至奴隶,各携经卷,诵读膜拜。"因此,我们也应该"每逢庚子日大会,会中士夫衿带陈经行礼,诵经一章,以昭尊敬。其每旬庚日,皆为小会,听人士举行,庶以维持圣教,正人心而绝未萌"。第二,广购书器。"近年西政西学,日新不已,实则中国圣经之义,议院实谋及庶人,机器则开物利用,历代子史,百书著述,亦多有之,但研究者寡,其流渐湮,正宜恢复旧学,岂可让人独步。"为此,康有为指出:"今之聚书,务使人士知中国圣人穷理之学,讲求实用,无所不备。泰西通都大邑必有大藏书楼,即中国图籍亦藏庋至多。今拟合中国图书陆续购钞,而先搜其经世有用者,西人政学及各种艺术图书皆旁搜购采,以广考镜而备研求。"并且要求"各省书局所印及西学时务有用书,皆可存堂中代售",但是由于"其义有难明者,非图谱不显,图谱明,其体有不能明者非器不显",所以要大量购买"天球、地球、视远、显微镜,测量艺学各新器,皆博览兼收,以为益智集思之助"。第三,创办报纸。康有为特推荐上海《时务报》和澳门《知新报》,"专录时务,兼译外洋新闻,凡于治术学术有关切要者,巨细毕登,诚臻美善"。康有为建议圣学会刊报,应专以讲明孔道,表彰实学,以开耳目而长见识。第四,设大义塾。他发现"桂林城乡,寒裔滋多,冠髦之岁,多有英才,以无力从师,因而废学,不可胜道"。所以应设大义塾,以扶助这些寒士完成学业。而且要"聘通人掌教,以育冠髦之士,课以经学为本,讲求义理经济,旁及词章,与泰西各学,日有课程,月有考校,岁有甄别,一切顽劣浮薄之辈,不得滥等,其有高才特出之士,亦可酌资膏火,特加优恤,俾无忧内顾,庶几讲求激励，以底有成"。第五，开三业学。康有为指出，"泰西之富，不在治炮械军兵，而在务士农工商，农工商之业，皆有专书千百种，自小学课本，幼学阶梯，高等学校皆分科致教之，又皆有会，以讲格致新学新器，俾业农工商者考求，故其操农工商业者，皆知植物之理，通制造之法，解万国万货之源，用能富甲大地，横绝四海。"我们应该向西方学习，翻译其书，立学讲求，以开民智。光绪二十三年（1897）三月初七，圣学会成立典礼隆重举行。"阖城士绅，皆集会场，崇祀孔子，鼓乐行礼，极一时之盛，可为中国第一善举。"康有为准备先在桂林开办圣学会，然后向广州、梧州陆续推行，渐渐普及各府州县。利用圣学会这个阵地，康有为"日与学者论学，义学童幼尤彬彬焉"。在维新运动中，圣学会对于统一众人意志、共助维新大业起了重要作用。

康有为创办圣学会，其主要目的是恢复和发扬孔子教义，为宣传维新理论寻找理论和组织基础。光绪二十四年（1898）康有为曾写过《孔子改制考》，以宣传孔子托古改制的思想，这在当时反响很大。不管在万木草堂讲学，还是在桂林讲学，康有为都时刻不忘宣传孔子的思想，并且把孔子的思想与自己的变法维新思想紧密地联系在一起。特别是当变法维新高涨之际，康有为尊孔思想得到更充分的体现。

光绪二十四年（1898）六月，康有为上《请尊孔圣为国教立教部教会以孔子纪年而废淫祀折》,折中请求设立教部教会,并以孔圣纪年,听民间庙祀先圣,而罢废淫祀,以重国教。康有为极力称颂孔子及其思想,"孔子之圣,光并日月,孔子之经,流亘江河",既然孔子是一位圣人,那么所有中国百姓应当人人尊孔圣,信孔教,但现实情况却并非如此,"中国尚为多神之俗,未知专奉教主,以发德心,祈子则奉张仙,求财则供财神,工匠则奉鲁班,甚至士人通学,乃拜跳舞之鬼,号为魁星,所在学宫巍楼,高高坐镇,胄子士夫,齐祈膜拜,不知羞耻,几忘其所学为何学也"。更有甚者,

晚清广东平民贫困的家庭

"牛神蛇鬼，日窃香火，山精木魅，谬设庙祀，于人心无所激励，于俗尚无所风导，徒令妖巫欺惑，神怪惊人，虚靡牲醴之资，日竭香烛之费"。这些举动愚弄百姓，耗费资源，不仅令有志之士感到心痛，更被外夷所耻笑。"欧、美游者，视为野蛮，拍像传观，以为笑柄。"

接着康有为进一步分析产生这种情况的原因，他指出，虽然学官尊祀孔子，且允许教官诸生岁时祀谒。但其他各类人，以及妇女都不许祀谒，这样导致"民心无所归，则必有施敬之所"。再加上朝廷听任民间立庙，而"小民智者少而愚者多，势必巫觋为政，妄立淫祠，崇拜神怪"。于是淫祠遍地，妖庙繁立于海外，欧、美诸国于是耻笑我国人民无宗教，如果任这种情形延续下去，风俗何由而善？正学何由而兴？大教何由而一？因此，康有为大声疾呼："吾国自有教主，春秋作自先圣，何不直祀孔子，同奉教主。"

在康有为眼里，孔子实为中国教主。"昔周末大乱，诸子并兴，皆创新教，孔子应天受命，以主人伦，集成三代之文，选定六经之义，其诗书礼乐因藉先王之旧而正定之，其《易》以通阴阳，《春秋》以张三世，继周改制，号为亘王，苍帝降精，实为教主。"老子、庄子、墨子虽都为中国著名的思想家，且都各传其教，遍于中国，但他们都"不若孔子之宏大周遍，又不若孔子之近人中庸"。因此，到汉武帝时，儒家理所当然地"一统天下",孔子也因此成为中国教主。康有为进一步指出,以往大地教主,都假托神道以使人尊信,唯有孔子才真正是"不假神道而能为教主",并且真正是文明之世的教主。人人皆应知教主,并共尊敬信仰他。康有为在上书中把孔子称为中国的圣人。"孔子之道,博大普遍,兼该入神,包罗治教。固为至矣。然因立君臣夫妇之义,则婚宦无殊,通饮食衣服之常,则齐民无异。因此之故,治教合一,奉其教者,不为僧道,只为人民。"

康有为建议:令洋国罢弃淫祀,自京师城野省府县乡,皆独立孔子庙,"以孔子配天,听人民男女,皆祀谒之……所在乡市,皆立孔教会,公举士人通六经四书者为讲生,以七日休息,宣讲圣经,男女皆听。讲生兼为奉祀生,掌圣庙之祭祀洒扫。乡千百人必一庙,每庙一生,多者听之,一司数十乡,公举讲师若干,自讲生选焉。一县公举大讲师若干,由讲师选焉,以经明行修者弃之,并掌其县司之祀,以教人士。或领学校,教经学之席,一府一省,递公举而益高尊,府位曰宗师,省曰大宗师,其教学校之经学亦同……合各省大宗公举祭酒老师,耆硕明德,为全国教会之长,朝命即以为教部尚书,或曰大长可也。"

康有为提出,应以孔子纪年来明确孔子教主的地位。"大地各国,皆以教主纪年,一以省人记忆之力,便于考据,一以起人信仰之心,易于尊行。"康有为请求皇帝"下诏设立教部,令行省设立教会讲生,令民间有庙,皆传祀孔子以配天,并行孔子祀年以崇国教……所有淫祠,乞命所在有司,立行罢废,皆以改充孔庙,或作学校,以省妄费,而正教俗"。

可以说,康有为弘扬孔子思想,尊孔教为国教的尝试是有其良苦用心的,他希望用孔教来维系广大士大夫阶层,乃至全国百姓,团结国人,为实现共同的政治理想而奋斗。

康有为在桂林讲学期间,看到桂林地理位置偏远,而且没有报馆,因而消息闭塞。他认为要想改变这一现状,只有先办报才能开此处风气。康有为发动士绅捐资,创办了圣学会的机关报——《广仁报》,由他的学生赵廷飏、曹硕、况仕任、龙应中、龙朝辅等任主笔。

《广仁报》是一份综合性的报纸,也是广西的第一份报纸。其宗旨"专以讲明孔道,表彰实学,次及各省新闻,各国政学,而善堂美举,会中事务附焉"。采用周刊形式,每月出版两册,设有论著、时事新闻、地方要闻、中西译述、杂谈等栏目。许多论著痛陈中国内忧外患的危亡形势,呼吁迅速变法维新,以图自救。例如龙朝辅发表的《世变日逼士人宜急求保卫国家论》《筹桂刍言》《教案于西人有利说》等文章,文笔犀利,在当时的广西反响强烈。

康有为在广西创办学堂，建立圣学会，办报刊，并使自己的变法维新思想通过这些阵地得到宣传，扩大了影响。尤其值得一提的是，通过在广西的办学活动，康有为培养了一批维新志士。可以说，正是由于康有为的这些努力，广西维新运动才能蓬勃发展，并取得显著的成效。梁启超曾高度评价自己的老师康有为是教育家，这一点可以说是恰如其分。

四、砥柱中流,执变法运动牛耳

1. 日日知新,创办《万国公报》

"日日知新,日日摩厉,故民日以益智也。日本之强,盖在报馆"(《康南海自编年谱》),康有为想要以报馆来宣传维新思想,积蓄变法的力量。

办报的决心已下,他便对弟子梁启超说了,梁启超深以为然。梁启超说"欲开会,非有报馆不可,报馆之议论,既浸渍于人心,则风气之成不远矣"(《康南海自编年谱》)。

经过具体筹划,光绪二十一年〔1895〕六月二十七日,第一份维新的报纸创刊,取名《万国公报》。这也是北京第一份近代报刊，由梁启超、麦孟华任编辑，为双日刊。

这是康有为第一次摸索着办报，所以先依葫芦画瓢套仿别人。这时，已经有了一份洋人办的《万国公报》，是上海的英、美传教士创办的，为广学会的机关报，在清政府的官僚们之中有一定的影响。康有为

麦孟华

借用这个名字，也有些借用其影响的意思。康有为看中了"万国"这两个字。他让梁启超和麦孟华从上海购来几十种译书，还有外国人在华办的各种报纸做资料。每日，根据这些资料写成一些短文，在报上发表。分别介绍西方各国的政治、经济、社会、文化、军事、历史、地理、风土人情和各种消息。梁、麦每期撰写和刊登政论性文章一篇。这种风格和北京的《京报》很相似。

《京报》的内容和信息来源出自清政府的官报《邸报》，它实为《邸报》的翻版。

《邸报》是封建王朝的官报。最初由朝廷内部传抄，

后张贴于宫门，公诸传抄，又称"宫门抄""辕门抄"。它是最早的一种新闻发布形式。2000多年前的西汉时期，由于西汉实行郡县制，全国分为若干个郡。各郡在京都长安设立驻京办事处，这个住处叫"邸"。到了宋代，出现了专门抄录邸报以售卖牟利的商人。官员们为求省事，愿意花钱去购买，不用再派人缮抄了。于是，到了清末，《邸报》之外，又有了《京报》。《京报》，也就是抄录《邸报》的商人所办。清朝内阁在北京东华门外设有一个专门的机构，叫"抄写房"，每天由报房派人去抄取当天发布的新闻。《京报》有专门报房管理经营，已经是一个有一定规模的发行部门。这种印成对折双页装在一起的《京报》，已经很像现在发行的日报了。所以说，2000多年前的《邸报》，到这时还只得以《京报》的形式成为清末的传媒。

　　2000多年未有的变化，康有为的《万国公报》要来"变一变"。

　　此举，使康有为好似无意之间成为清末民初中国资产阶级报业的先驱，在中国近代报业史上占据了重要的地位。自此开始，康有为的办报活动和经历，历时竟然长达23年之久。

　　在中国近代新闻史上占据奠基地位的是另一个人——王韬。

　　对于这位"前辈"，康有为在自传中没有提及，但康有为和王韬是确有过来往的,甚至非常敬佩这位前辈。他读过王韬编译的西书,看过王韬所办的报纸。只是无法查实是在哪一年,他曾赠送给王韬一副对联,为"结想在霄汉,即事高华嵩"。这应该是在王韬晚年回到上海定居之后。如今,康有为的这副对联还挂在甪直王韬纪念馆的大厅。

王韬曾经的变法主张和在内地办报的理想,一直到光绪二十一年(1895)才在康有为和梁启超身上实现。此时,距离王韬辞世仅仅两年。王韬的办报思想——"广见闻、通上下、通内外、辅教化"办报思想,当然也对"康梁"深有影响。王韬办报所开创的"以社论取胜"的方法,之后在梁启超的笔下,终达"登峰造极"。

就办报来说,康有为的办报思想不及王韬。这与康有为是以一个政治家的身份来办报有关。王韬的"广见闻、通上下、通内外、辅教化",重点在扩充读者的见识,切到了新闻与民众的关系和影响的命脉上,而康有为的重点在宣传新政。康有为犀利的眼光注意到了新闻与政治的重要关系,宣传维新思想是他办报的重要目的。办报纸,是为政党的活动而服务的,他所办的《万国公报》就是强学会的机关报。所以,在新闻与民众的关系和影响上,他的思想不及王韬(参见徐新平著:《维新派新闻思想研究》,湖南人民出版社2010年版)。

但这个时候，办一份这样全新的报纸也实属大胆、冒险和罕见。"以士大夫不通外国政事风俗，而京师无人敢创报以开知识，变法本原，非自京师始，非自王公大臣始不可。"(《康南海自编年谱》)这是说无人敢做的事，今天我来做做。

该敬佩康有为的，不仅仅是其舍身为维新、为变法的"救国于水火"，还应当有他的倾其所有。有人说他所想所做其中之一是为了"捞钱"。但康有为办《万国公报》最初就是他自己出钱来干这"赔本赚吆喝"的事。《万国公报》创刊后，由于经费有限，只能借《京报》印制处用木板雕印，逢双日出版，一期印1000余份，最多印3000份。发行也是委托送《京报》的人在送《京报》的时候，将《万国公报》分赠各个官宅。最初由康有为独自捐款，每期需金2两。很快，康有为的积蓄将尽，只好典当衣物来补亏空。陈炽、徐勤等人知道此事后，马上前来资助，方解燃眉之急。私人出钱办报，免费送人，还要请人送达官贵人阅读，这在办报史上也是破天荒的事。

《万国公报》每期刊论文一篇，长篇则分期连载，除转录相关的教会报刊外，撰写的重要文章有《地球万国说》《地球万国兵制》《通商情形考》《各国学校考》《学校说》《铁路情形考》《铁路通商说》《铁路工程说略》《佃渔养民说》《农学略论》《铸银说》《西国兵制考》《印俄工艺兴新富国说》等，这些文章未署名，均出自梁启超和麦孟华之手。3个月后，《万国公报》出满45期时，英国传教士李提摩太向康有为提出此报与自己教会所办的报纸重名问题，康有为觉得有理，《万国公报》遂于年底，在强学会成立后改名为《中外纪闻》，影响渐大起来。

办报的收获是很大的。一些达官贵人从最初的惊骇与观望，渐渐开始愿意从中了解西方的国情与政治经济。康有为满意地说："报开两月，舆论渐明，初则骇之，继则渐知新法之益。"（《康南海自编年谱》）

康有为见时机成熟，便开始筹备成立强学会。《中外纪闻》成为强学会的喉舌和会刊。此时的梁启超，对编这张报有了新的想法和尝试。除社论之外，梳理后形成阁抄、照译路透电、选译西报、摘录各省报及世界各国情况论介5个相对固定的栏目，这就越来越像一份真正的报纸了。加上梁启超在文字上的精心，《中外纪闻》越来越有可读性，居然有人肯上门来出钱购买，这说明它的影响渐渐增大。于是，《中外纪闻》由赠阅改为订售和零售。

伹《中外纪闻》只发刊了1个月零5日，就于光绪二十一年十二月初六（1896年1月20日）和强学会一起遭到封禁。

年方20多岁的毛头小子梁启超，却在这不足半年的办报实践中得到了长足的进步。这真是一位天生的报人,他的"天纵之才"使他面对一张报纸如骑手跃马踏进无边的草原,纵横驰骋。在《中外纪闻》被封禁后,梁启超"流浪于萧寺中者数月"。可以想见,那是一种何等的苦闷和无奈!

梁启超在苦闷中,反而静下心来,积蓄力量。也就仅仅3个月后,一个机会突然出现了。上海强学会的发起人之一黄遵宪,愤怒于学会被停办,准备以办报再次振作起来。他与汪康年说了这个想法之后,得到了他的支持。于是,黄、汪两人正式邀请梁启超南下,筹备新办一份报纸,叫《时务报》。康有为此时也有"改办报以续会务"的想法,他对此十分鼓励和支持,让梁启超接受这一邀请。梁启超的机会来了。光绪二十二年(1896)三月,梁启超抵沪。黄、汪、梁三人开始日夜"谋议"。不久,原强学会会员邹凌瀚由江西到沪,知县吴德潇自京去浙江上任,途经上海,他们两人都支持办报,于是在两月后,决定五人为创办人,也就宣告了《时务报》报馆成立,推举汪康年为经理,梁启超为主笔。他们还先后特邀了一批很有影响和实力的撰稿者,有章太炎、康有为、麦孟华、徐勤、欧榘甲等。

光绪二十二年七月初一(1896年8月9日),《时务报》创刊,馆址在上海福州路福建路路口。定为旬报,

梁启超主编的《时务报》

每期20余页。分为"论说""谕折""京外近事""域外报译"几个栏目。其中"域外报译"占全册的1/2。专门设了英、法、日文翻译和编辑。这次办《时务报》的时间较长,到光绪二十四年六月二十一日(1898年8月8日)终刊,正好两年,共出版69期。

两年,对当时的一张报纸来说,时间不短。加上上海是风气领先的大都市,有一批才华横溢、通晓西学的读书人,与政治空气保守的北京正好相反。这样的小气候使得梁启超心情舒畅,才思泉涌。这时他才20出头,才气锐气正旺,加上他的早慧和对西学的领悟,以及对社会观察的敏锐,使他如鱼得水。很快,他便如一颗耀眼的明星腾跃而起,划破了千年沉寂的夜空。

更重要的,是他的那支笔。这样年轻,但又这样成熟老练、笔力雄健、气势恢宏,"笔端常带感情"。

今天我们一提起梁启超办报来，已经有些淡然和模糊了。但这确是一段不可忘却的历史与辉煌，他真是个以一支笔搅动天下的英雄。每期，他都要写不止一篇政论文章，他留下的最著名的《变法通议》，就是分若干期最先刊于《时务报》上的，竟有21篇。从《变法通论自序》开始，涉及"不变法之害"、科举、学校、学会、师范学校、女学、幼学、译书、金银涨落等。这是戊戌变法的先声，是救亡图存的呐喊，是暗夜中的火把，是飞鸣在林中的响箭。

汤志钧先生曾遍查了当年的69期《时务报》，梁启超所写的60余篇文章，其中除21篇为"变法通议"外，主要的还有《波兰灭亡记》《西学提要农学总叙》《古议院考》《论君政民政相嬗之理》《论中国积弱由于防弊》《戒缠足会叙》《日本国志后叙》《记自强军》《中国工艺商业考提要》等。

这正是梁启超的目的："大声疾呼，哀哀长鸣，实为支那革新之萌蘖焉。"

更令人吃惊的是，博学而深有思考的梁启超，对千年的帝王封建统治进行了无情的揭露与解剖。他大胆提出，中国在政治上无能，是因为政治体制上出了问题。自秦朝以来的2000多年间，君主专制的政治体制越发严密，君王的个人权力越来越大，越来越没有制约，历代帝王为了权力独揽，实行愚民政策，最后的结果就是举国上下人人自危,没有声息。民不敢言,官亦不敢言,"万马齐喑",这样的局面就是封建君主制一手造成的。而西方近代则不同,高度注意兴民权、开议院,人人才能有爱国之心。目前的中国,尽管民智未开,不宜骤设议院,但由君权向民权过渡,是人类发展的大趋势,也是中国解决当前困境的唯一出路。

向封建君权挑战、"君轻民重"的思想,是康梁留给我们最大的贡献。梁启超在那时就喊出这样的先声,振聋发聩,实为中国之幸了。

所以,这些宏文一出,梁启超和《时务报》声名鹊起,很快名扬四海。而康有为的变法理论也因此得到广泛传播,《时务报》成为宣传变法维新的主阵地。

当时,《时务报》代销处遍布全国70个县市,多达109所。从最初的4000份,半年后达到了7000份,不久突破了1万份,最高时销售到了1.7万份!创造了当时国内发行报刊的最高纪录。"为中国有报以来前所未有"。顽固派中的江西道监察御史熙麟惊呼:"两年以来,内而京曹,外而大吏,以及府县几于人人日手一编。"(齐春晓、曲光华著:《晚清巨人传·康有为》,哈尔滨出版社1996年版)

光绪二十二年(1896)十月,康有为在澳门与开明人士何穗田商定又创办了《知新报》,正式创刊的日子是光绪二十三年(1897)正月,以康广仁、何穗田任经理。这是维新派在华南的又一个重要的宣传阵地，此报开办长达4年之久。还有天津的《国闻报》、湖南长沙的《湘报》，都是这一时期报刊的佼佼者。

2. 救国水火，筹划组织强学会

作为一个政治家，康有为此时最想做的还是"办会"，成立一个组织。《万国公报》创刊不久，他就和陈炽等人开始筹划，连会名都议好了，就叫"强学会"。

国家羸弱，弱不禁风。甲午间，小小的日本岛吹来的一阵邪风就几乎要了这个老大帝国的命。不救，行吗？救国于水火，唯有自强。

但这个帝国何时有过"会"的概念？会，是什么？是政治组织，是结党。结党之名，历来国之大禁，凡触者，有好下场的吗？

但如此羸弱的国家又必须要变。人们已经有了这种共识，包括其中最重要的官吏和士绅，这就是机会。

经《万国公报》的宣传，康有为觉得时机成熟了。

一开始，康有为还是用官僚士大夫们习以为常的"游宴"方式，分三次约了一些京官和士绅来参加聚会活动。为聚会，陈炽、沈曾植等人不仅积极支持并约请来人，还一再提出该多听听康有为的意见。康有为陈词滔滔，号召大家必须团结组织起来，办学会。梁启超更是"日攘臂奋舌，与士大夫痛陈中国危亡，朝不及夕之故"，宣讲组织学会的重要性。但最开始并不成功，很多人有些"惊恐"，怕惹祸上身。但经过两个多月的努力，再加上《万国公报》的宣传（有人传出宫里的消息，连光绪帝也在看《万国公报》啦），慢慢地，他们感到实行改革和变法确是唯一出路，于是逐步认同了康梁的呼吁。

经过数月的酝酿，康有为得到了翁同龢与工部尚书孙家鼐的暗中支持，而陈炽、沈曾植、沈曾桐、文廷式等积极参加聚会的这些中坚，都是翁同龢的门人。正像是城头燃起的烽烟，风从北方来，烟必然向南方飘一样，康有为此时必然选择的是和帝党结盟。强学会的发起，出自维新派与帝党的合作。梁启超说："盖强学会之性质，实兼学校和政党而一之焉。"

光绪二十一年（1895）九月中，康

孙家鼐

有为和陈炽召集了强学会的筹备会。这时，阵容已经扩大了。他们为壮声势，又拉入了军机大臣李鸿藻的得意门生张孝谦，张孝谦又引入了袁世凯和徐世昌。张之洞则派亲信丁立钧、儿子张权等人加入。还有内阁中书杨锐、王鹏运等人，已经20多人。会上选陈炽为提调（会长），张孝谦为助理，梁启超为书记员，推举康有为起草强学会序和章程。

这样，强学会才算初步成立。

强学会的会所，由孙家鼐将后孙公园胡同安徽会馆的一部分贡献出来，而宣武门外达智桥胡同55号嵩云草堂为其集会场所。每10日集会一次，多由康有为

北京强学会旧址

等人发表演说。"士夫云从","来者日众"。

超乎康有为意料的是,很多朝中大员都对其很支持。孙家鼐提供办公地点,户部尚书翁同龢应下每年从户部拨出若干经费,直隶总督北洋大臣王文韶、两江总督张之洞和刘坤一各捐5000金,提督宋庆、聂士成捐数千金,袁世凯捐500金。各会员也纷纷捐款,经费已达数万。

英美公使愿意提供西书及图器,英美传教士李提摩太、李加白也插手了强学会。

一切,看上去顺风顺水。

这时,发生了两件事,与后来强学会的被禁多少有些关联。

一件事是,李鸿章听到强学会成立,很兴奋,也提出自捐2000金加入。会长陈炽首先表态,坚决抵制。康有为也同意陈炽的意见。陈炽的拒绝有两层因素:一是李鸿章是甲午战争的罪人,是与日本和谈签订《马关条约》的卖国者,这样的人加入强学会,对强学会的名声不利;第二个因素是无法说出来的,即陈炽是翁同龢的亲信,关系十分密切,而翁与李在官场上是死对头。康有为对这里的奥秘并不十分清楚,但也一直认定李鸿章是甲午风云中的卖国贼。

李鸿章此时正被"闲置",在"落难"之中。他听到被拒绝的消息,心情不好是肯定的。一种说法是他听到消息后暴跳如雷,在去俄国参加尼古拉二世加冕典礼的前夕,凶相毕露地扬言:"若辈与我过不去,我归,看他们尚做得成官否?"有人考证这话传自于汪大燮,汪是一个很自重的人,所以大多数人相信这话是真实的。但也有人认为这有些如"小说家言",以李鸿章的身份和气度,说不出这样的话来。

此事是陈炽回绝的,所以陈炽听到这传言,非常紧张。

事情也巧,3个多月后,恰恰因为是李鸿章的亲家杨崇伊的弹劾,造成了强学会的被禁,致使陈炽在惊吓中政治态度大变,而且不久精神便出了问题,最终"疯了"。有人便认为杨崇伊此举是受了李鸿章的指使。有学者指出这纯属巧合。李鸿章与这位杨亲家关系并不好,李曾因杨借贷不还而查处过杨,两人来往很少。李鸿章不会"下作"到前脚刚想加入强学会,后脚就来拆强学会这座庙。

李鸿章对维新派的很多观点是赞成的。他在晚清的几十年中,是最有权势的洋务派重臣。他代表大清去日本谈判,所签署的《马关条约》非是心甘情愿,明眼人都可以看出来。所以他被称为"卖国贼",是无能的清政府抛出的替罪羊而已。尽管被"闲置",但他的影响仍旧"足以左右朝野"。

这里有一个极大的悖论。专制制度下,任何人都无法逃脱这一悖论。按说，政治经验十足老到的李鸿章，一眼就看清了康梁难以成事，关键在无权无钱。他深知大清的变法如果没有权力来支撑，一切都是枉然的。在他老辣的眼中，康梁是"小儿科"，是书生的莽撞和幼稚。但是，康梁推行的变法，确是大清必须要走的唯一一条路。不走，死路一条；走，困难重重。从心里，他无法不佩服康梁的远见和气魄。所以，以他的身份，捐款并要求加入强学会，是太难得的了。这也充分说明了李鸿章的远见和为人。按一条正常的轨道运行的话，他会支持他们，推行变法。对康梁，这真是一个最最难得的机会。

很可惜的是，康有为、梁启超等维新派错过了这个机会。李鸿章的这股力量，如果能被利用，变法的进行将顺利得多，起码在慈禧那里会顺利些。李鸿章在慈禧心中的分量，满朝无人能及。

这番羞辱后，李鸿章的态度会如何呢？他会反手指使他人来弹劾强学会吗？以他的性格，是会的。他没有老师曾国藩的气度，他是以实用和"痞气"行事的人。起码，你让我不好过，我也难放过你。下这样的狠手，他做得出来。同治二年（1863），太平军被困苏州城，李鸿章承诺郜永宽等"八大王"只要投降，加官封爵不说，还不解散他们的武装，整体划归自己的淮军。但当"八大王"真的归降后，他马上在酒宴上血腥地诱杀了他们,一个不留。此事连曾国藩都非常生气,认为他过于"心狠手辣"。但他又很讲义气,皇上调他去围困天京(今南京),他一拖再拖,就是为了让曾国荃拿下首先攻破天京的头功。所以,陈炽和康梁拒绝他加入强学会,定然勾起了他被国人痛骂"卖国贼"的"委屈",他不会再忍。之后,指使杨崇伊弹劾强学会,可能性不仅存在,而且很大。也正因为他做了这件事,心底还是觉得有些对不起康梁,所以在戊戌政变后,康梁被追杀的时候,他的态度很消极,只是应付而已。甚至,他之前还几次暗示康有为,一定要小心慈禧和荣禄的暗算。

说到底,这是专制制度下必然产生的悖论和悲剧。

还有一件事,是强学会的筹备刚刚有点谱,明眼人应当谨慎才是,但康有为却有些大意。九月的一天夜里,康有为和陈炽、沈曾植、丁立钧、王鹏运、袁世凯、文廷式、杨锐、张权等强学会的会员一起公钱观戏。舞台上演出的是"十二道金牌召还岳武穆事"。这几天传来顽固派徐桐和御史褚成博"恶而议劾","夜走告劝解散者"。席间,康有为很可能是喝多了,赋诗一首并当堂呈诸公。在这首诗的序中,竟然出现了"……开强学会于京师,以为政党嚆矢,士夫云从……"(《康有为政论集》)。再看这首《割台形成后》诗:

山河已割国抢攘，忧国诸公欲自强。
复社东林开大会，甘陵北部预飞章。
鸿飞冥冥天将黑，龙战沉沉血又黄。
一曲唏嘘挥涕别，金牌召岳最堪伤。

这有些"夫子自道"，得意忘形。明明在天子脚下，又知道徐桐、褚成博正在"鸡蛋里面找骨头"般搜寻强学会的"劣迹"与"居心叵测"，康有为偏偏就给了对方把柄和口实。你看，又是强学会"为政党嚆矢"，承认强学会就是政党，还是政党的第一支响箭；更惊人的是，又述"复社东林开大会"，复社东林是什么意思？有点学识的人都知道那是犯忌之言，回避还回避不及的呀！

这是明明白白承认强学会就是东林党和复社的翻版！

明晚期，天启五年（1625），明熹宗下诏烧毁全国的书院，东林书院被毁。以宦官魏忠贤为首的阉党集团对东林党血腥镇压，杨涟、左光斗、周顺昌等很多东林党人被杀害。齐楚浙党又趁势加东林党以恶名，列"党人榜"于全国，每榜少则100人，多为500人，生者销籍，死者追夺。一直到崇祯上台执政时，才为东林党人恢复名誉，修复东林书院。

清代官方对于东林党人和复社的评价很低，甚至非常警惕，说东林党和复社"祸延宗社"。

康有为的这首大提强学会是"政党嚆矢"与"复社东林"的诗，不知后来传到了徐桐等人的手中没有。但从另外一个角度看，却恰恰证明了康有为为变法图强所具有的一种"舍得一身剐"的豪气。说是政治家，他却有着与政治家完全相反的坦然和赤诚、可爱。康梁真的是书生啊！

徐桐他们反扑的脚步加快了。他们如有鹰眼，看准了强学会背后最大的"祸害"是康有为，放出风来，必置其于死地而后快。

强学会从刚刚开始组织筹备起，内部的各种利益之争就没有停止过。几方争权夺势，矛盾重重。这样复杂的内争，是康有为没有想到的。这与三个派系的不同利益和人员不纯有关。第一种力量是康有为、梁启超、麦孟华等人，他们是维新派的发起者，汪大燮、王鹏运等是他们较坚定的支持者。第二种力量是陈炽、沈曾植、沈曾桐、文廷式等人，他们的后台是翁同龢，也可以称为帝党派。第三种力量是张孝谦、丁立钧、袁世凯、徐世昌、张权等人，他们各自带有明显的投机目的，又有李鸿藻、张之洞等大员的幕后背景，官场的政争自然也在强学会这里形成。最开始，为了"强学会"的名称，就意见不合，在康有为的一再坚持下才勉强维持。之后，张孝谦和丁立钧对强学会的序和章程不同意,认为政治主张太鲜明,怕惹火烧身。后来,在筹备开办图书馆和强学书局的时候,张、丁又百般挑剔,坚持办成渔利挣钱的书店。张孝谦还暗地里勾结丁立钧,要从陈炽手中夺得强学会的会长之权,开始大肆排挤陈炽和沈曾植,胆小的陈炽一时焦头烂额。朝廷中,传来徐桐等人抓住《万国公报》的激烈文章,放言收拾康有为。一是好心,怕康有为被害;二也是看康有为总放厥词惹祸,生怕惹火烧身,陈炽请康有为先外出躲避躲避,避过风头再说。

严格地说,这时强学会还不算正式成立。

十月底,康有为离京南下,二十九日抵上海。然后,转道去了南京。

康有为胸中,还装着一步自认为的高棋。

是一步高棋吗?

康有为此行,是去拜会两江总督张之洞的。

京都强学会刚刚筹备成立的时候,张之洞不仅大力支持,带头捐5000金,还让儿子张权和亲信杨锐参加。一个权倾朝野的封疆大吏,站出来如此支持,这态度让康有为很吃惊和感动。翁同龢、李鸿藻等人,也仅仅在幕后暗中支持,也就算很不错了,而张之洞的做法很出人意料。这使康有为看到了一个希望,那就是趁势尽快扩大强学会的力量和影响,说服张之洞在南方也建立强学会。此愿如成功,全国将形成南唱北和之势。

借此机会，正好。

康有为二十九日到上海后，有一个人正在上海等他，这个人是张之洞派来的幕僚——梁鼎芬。他跟康有为说，张香帅正等着你呢，让我前来接你。两人三日内就抵达了南京。

这说明康有为和梁鼎芬早有书信联络。之前说过，梁鼎芬是康有为的同乡，两人此时的关系很好。

张之洞为何好像比康有为还急？

这有两个原因。一是张之洞的一个儿子突然溺水身亡，使他连日伤心欲绝，梁鼎芬促使康有为尽快与他见面，实有"排遣分忧"、转移一下他的注意力之意。还有一个重要的原因，是他早就认为朝廷必须变一变，对康梁提出的向西方学习的"救国之变"不仅赞同，而且积极支持。

张之洞

张之洞盛情迎接康有为的到来，两人一见如故，春风熙熙。康有为在此住了20多天，与张之洞"隔日一谈，每至夜深"。再亲密的故友之会也难能如此，何况康有为仅仅是一个小小的六品工部主事。

在这20多天的10余次深谈中，他们究竟谈了些什么？有哪些重要的话题？双方因后来决裂，都没有留下文字，或留下的文字在戊戌之变后也匆忙销毁了。除商议上海强学会的成立、办《强学报》之外，话题一定很宽很广，甚至联系到中国未来的走向与设想。这实在是一件非常可惜的事。

从某种角度上说，此时张与康真有些"英雄所见略同"之感。他和康有为深谈了10多个夜晚，笔者有些怀疑此时张之洞是为自己写作的一部书在做准备。在这部书里，他将从梳理洋务运动这30年的成败起，辅以诸国富强之术的"中体西用"思想，到清政府如今的改革走向，尽揽其中。这将代表着他一生的思想成就。不要忘记，这一年张之洞近60岁了。这本书是在与康有为这次深谈的次年，即光绪二十三年（1897）开始写作的，此书即《劝学篇》。

张之洞同意在沪成立强学会，在给北京强学会捐5000金外，又给上海强学会自捐500金，拨款1000金，成为当时捐款最多的一个。他还同意《上海强学会序》署他的名字。在他的带动下，江南乡绅纷纷响应并捐款支持。十一月下旬,康有为偕梁鼎芬、黄绍箕等返沪,筹备成立强学会。会所设在跑马场西的王家沙一号。十二月,康有为撰写出《上海强学会序》,以张之洞的名义先后登载在《申报》《中外纪闻》和新筹办的《强学报》上。

不久,上海强学会成员黄体芳、黄绍箕、屠仁守、汪康年、康有为、邹代钧、梁鼎芬、黄遵宪、黄绍第、左孝同、蒯光典、志钧、张謇、沈瑜庆、乔树楠、龙泽厚十六人公启,公布了《上海强学会章程》。章程规定:"本会专为中国自强而立……鉴万国强盛弱亡之故,以求中国自强之学……专为联人心,讲学术,以保卫中国。"揭示了该会的爱国性质。

同时,公布了目前要做的四件事:译印图书、刊布报纸、开大书藏(图书馆)、开博物院。此外,视集款多寡,还将"立学(堂)以教人才,创讲堂以传孔教,派游历以查地舆、矿务、风俗,设养贫院以收乞丐教工艺"等。

《上海强学会序》是以张之洞之名发表的,意味着上海强学会的总负责人是张之洞,张的代理人是其幕僚汪康年。但不久双方的合作出现了分歧。

分歧和决裂的起因,却是由办上海强学会的机关报《强学报》引起的。办报,是早已说好的,康有为经过一番筹备,没有经过梁鼎芬和汪康年等人,直接邀来弟子徐勤、何树龄任主编，于光绪二十一年十一月二十八日（1896年1月12日）创刊。可能康有为觉得这样具体的事情自己做主也就行了，汪康年和梁鼎芬知道后会有些不满（汪康年来得较晚，已经出刊），但也没有说什么。但报纸创刊后，出现了一件让汪、梁"大吃一惊的事"——在创刊号上，《强学报》在最醒目的报头位置印出了"孔子卒后二千三百七十三年"的字样，与光绪纪年并列，报内最主要的一篇论文为《孔子纪年论》。在文中，康有为主张要像西方把耶稣出生之日作为纪年一样，把孔子的生卒作为中国的纪年。他不仅在理论上阐述了有关孔子纪年的依据，还付诸了实践，在报头位置大书"孔子卒后二千三百七十三年"的字样。所刊登的相关文章，也是打着尊孔的招牌，宣传托古改制思想，以此来旗帜鲜明地倡导变法维新。

这不能不说是一件"石破天惊"的事了。

在中国，历史纪年从来不是一个单纯的自然时间概念，而是与现实政治密切相连的，只有天子和王者，才有权力来确定用什么年号纪年。而这都是在改朝换代之后，前一朝被推翻了，或传承到下一朝了，纪年方可改变。

张之洞早就对康有为的《孔子改制考》一书中的观点非常反对。他认为这是"邪说暴行，横流天下"。他曾让梁鼎芬说服康有为放弃这一"邪说"，只要康能做到这一点，可以请他来办书院等大事，所需经费悉数供给，张之洞可以做这个"供养"人。梁鼎芬对康有为转述了之后，康有为坚决拒绝："孔子改制，大道也，岂为一两江总督供养易之哉？"（《康有为政论集》）

双方在这个分歧的焦点上各不相让。康有为当然知道自己这样做的后果，但是，这恰恰是康有为桀骜不驯的性格。他认定的事，天王老子来说也不会回头。他认为这样做完全有理。孔子托古改制一说，是他变法维新思想的源头，他如放弃，就等于放弃了自己为之奋斗的目标。

所以，他利用上海强学会刚一成立之机，大张旗鼓地把"孔子托古改制说"当招牌亮了出来，用这样的方式"登高一呼"，展示了自己变法维新的决心。

这是张之洞无法容忍的。这是一种"忤逆朝廷"的举动，弄不好包含着大祸，他岂能让这样的大祸沾身？他承认之前小看了康有为，以为一个书生文人，在他的感召下，会改弦易辙，放弃"孔子改制说"。他也确有想利用康有为的影响和才干，为自己所用之念。如今看来，这是不可能了。

另外，《强学报》还刊录了未经公开的"廷寄"。朝廷向下发送的上谕公文，分为"明发"和"廷寄"。"廷寄"是保密的，不得向外公开。康有为觉得"因时制宜"与"蠲除积习，力行实政"的上谕，是为推行变革的，所以称此为"三百年之特诏",为"中国自强之基,臣民讲求时事之本"。康有为亲自加上跋语后刊出。这样做确实是不当的,上面不理则罢,真追查下来,后果十分严重,最熟悉朝廷相关制度的张之洞岂能容得?

祸不单行,《强学报》创刊的8天后,十二月初六日,御史杨崇伊上折弹劾强学会"私立会党、植党营私",上谕着都察院查明封禁。有消息传出还要"拿人",一时非常紧张。北京强学会内,此时陈炽已被排挤而出不再参与其事,张孝谦吓得失魂落魄,求人向李鸿章献好求情,丁立钧哭着躲起来。后经李鸿藻和翁同龢的上书解释,光绪帝令强学会改为京师官书局。原来负责办报的梁启超也被排挤出局。北京强学会的寿命也就到此为止了。

京师强学会被查封的消息传到张之洞处,他趁势在6天后的十二月十二日令人致电上海各报馆,声称:"自强学会报章未经同人商议,遽行发刻,内有廷寄及孔子卒后一条,皆不合。现时各人星散,此报不刊,此会不办。"(《申报·强学停报》)

《强学报》仅仅刊出3期,上海强学会也刚刚成立不久,终于也烟消云散、寿终正寝了。

尽管后来张之洞对《时务报》和梁启超大加赞扬,甚至请梁启超前去会面时高规格接待,但他与康梁的分歧越来越大,越来越深,最终到了冰火不容的地步。

号称曾国藩后的又一个晚清重臣中的大儒,张之洞观风看势,很快与康梁断绝了关系不说,又马上将原来推行变法、定名为《强学篇》的著作大加修改,易名《劝学篇》,内容也成了以忠君爱国、遵经守道为说教,隐示新法不可行、旧法不可变。他将此书精缮成册进呈慈禧御览,用以表示对变法的态度。慈禧果然未再追究他当年支持康梁的事,称还是他的这本书好。戊戌政变后,张之洞为表示对朝廷没有二心,竟然在一个黑夜诱捕了支持康梁的唐才常等人,抓捕后马上杀掉了这批知识精英。他太了解知识精英,所以杀起他们来,也最有手段和凶狠,连眼睛也不眨。有人称他为迫害残杀知识分子的"儒屠"。

强学会虽被扼杀,但其意义和作用是巨大的。

正如康有为所说:"自强学会开后,海内移风,纷纷开会,各国瞩目。"

梁启超这样评价强学会:"此幼稚之强学会,遂能战胜数千年旧习惯,而一新当时耳目,具革新中国社会之功,实亦不可轻视之也。"(梁启超:《莅北京大学校欢迎会演说词》)

强学会是维新运动的起点。它冲破了封建专制统治者不许集会结社的禁令和士人不预国政的传统观念,对全社会起了极大的震动作用。它是一个新生的事物,开创了一代新风。如奔腾长江之决口,巨浪滔滔,一泻千里。自此,各地纷纷创建学会,学会"遍地并起"。如知耻学会、粤学会、闽学会、蜀学会、上海农学会、不缠足会、中国女学会、南学会、圣学会、兴浙会、保国会、保浙会、保滇会……遍及全国十多个省市,仅仅戊戌变法期间出现的学会,就达40多个。

其影响还有办报。据统计,自光绪二十一年至光绪二十四年(1895—1898)的3年间,继《中外纪闻》《强学报》《时务报》等先驱报刊创刊之后,湖南、天津、澳门、四川、桂林、杭州、广州等地出现了《湘报》《国闻报》《知新报》《富强报》《实学报》《女学报》《岭学报》《广仁报》《亚洲时事汇报》《经世报》等20余种之多!全国报纸总数陡增3倍多,形成了近代中国人办报活动的第一个高潮。

3. 不改初心,数次上书"格君"

康有为一生中共有7次向皇帝上书,他变法的基本思想和主张都包括在这7次上书里。

梁启超在《康有为传》中评价说:"先生经世之怀抱在大同,而其观现在以审次第,则起点于爱国;先生政论之目的在民权而其揆时势以谋进步,则注意于格君。"也就是说,康有为主张维新变法的出发点是爱国,目的也是爱国,强国富民。但是他也注意到,要想实现变法主张,就需有合适的方法和手段。于是,康有为就把希望寄托在贵为天子的皇帝身上。

康有为的想法有些简单。他以为自己出"点子",皇帝朝纲独断,可运用手中至高无上的权力来实现自己的"点子"。只要打动皇帝,问题就基本解决了。

于是,康有为把自己爱国的"点子"写进历次的上书中,希望皇帝重视并加以实施。

康有为的第一次上书,在前文已有介绍,其作用有两个:一是令康有为知道了变法的艰难和保守力量的强大;二是让康有为获得了一定的声望,初步奠定了他后来成为维新派领袖的地位。

在光绪十四年(1888)的第一次上书中,康有为提出了"变成法、通下情、慎左右"三点建议,核心是变成法。他阐述了为什么要变法的理由。第一,"今天下法弊极矣",要改变现有之旧法,因为它们"皆六朝唐宋元明之弊政也"。第二,变法前途光明。他以日本为例,小小的岛国,变法10余年间,便百废俱举,日臻富强。但是康有为没有提及变法的措施和内容。故第一次上书的目的,康有为后来说,是"冀幸一悟尧、舜之王","启沃"皇帝同意变法。

康有为的第二次上书,是在第一次上书的7年后,即光绪二十一年(1895)。这年四月,李鸿章与日本签订卖国的《马关条约》,包括割让台湾、澎湖和辽东半岛,赔款白银2亿两等空前苛刻条款。时值参加会试的各省举人云集京城,康有为便让自己的弟子梁启超、麦孟华等人,分别发动各省举人,上书呼吁清廷拒签和约。在不到半个月的时间里,举人们以省为单位分别上书达30余次之多。康有为认为"士气可用",便带领弟子们"日夕奔走",进行更广泛的发动。五月一日始,18省举人云集一处,筹备更大规模的上书。康有为起草了长达1.8万多字的上皇帝书,由各省举人1300多人签名,这就是著名的"公车上书",也就是举人向皇帝上书。与康有为第一次孤身一人上书不达、反遭讥笑和谴责相比,第二次上书是一次群众性的上书活动,虽不能上达,却得到了社会的广泛同情和支持。同时,这次上书提出了变法的一系列具体主张,形成了一套完整的变法纲领。再者,第一次上书变法的理论和指导思想主要是孔子托古改制;公车上书则处处以西方资本主义为榜样,强调学习西方。总之,公车上书的内容,是一套较全面地向西方学习、实行资产阶级民主改革的方案,是康有为维新变法的纲领,包含了他变法的基本主张。

康有为在二上皇帝书中,提出了拒和、迁都、练兵、变法四项主张,具体为"下诏鼓天下之气,迁都定天下之本,练兵强天下之势,变法成天下之治"。他请求光绪帝下三道诏书,来罪己、明罚、求才;把首都迁到西安,可以险拒敌;选拔将才,日夜训练重兵。但"变法成天下之治"是上书的重点。因为以上三项"皆权宜应敌之谋",只有变法才是"立国自强之策"。

关于变法,康有为提出了4项内容:"富国之法""养民之法"、教民之法、改革内政外交。这些内容,都是要求采用西方资本主义的生产技术和生产方式,采用资本主义的政治、经济、文化教育,以及军事外交等制度和措施。特别是康有为提出要设"议郎",表面上是皇帝的顾问,实际上是学习西方的议会制度。这是他第一次公开提出议会主张,也是中国近代史上第一次直接向皇帝提出实行议会制度。

康有为在公车上书后的五月底,又在二次上书的基础上重写了一封上皇帝书,并以进士身份,递交都察院,呈请代递,即《上清帝第三书》。由于康有为已是朝廷命官,他的上书不能再随便扣压,因而光绪皇帝终于看到了康有为的所思所想,且"览而喜之",甚为"嘉许"。

第三次上书的成功,使康有为大受鼓舞。但他感到这次上书"仅言通变之方,未发体要及先后缓急之宜",于是在六月底又写了《上清帝第四书》,"言变法次第曲折之故,凡万余言,万详尽矣"。他提出中国当前应首先在两个方面进行改革:一是立科以励智学,二是设议院以通下情。这是康有为第一次明确提出设立议院的主张。

然而，由于顽固派的阻挠，第四次上书光绪皇帝并没有看到。

两年后，康有为认为中国人满为患，在光绪二十三年（1897）冬入京筹划移民巴西，正赶上德国强占胶州湾，爱国之情驱使他又撰写了《上清帝第五书》。胡思敬在《戊戌履霜记》中站在守旧立场上，写了《康有为构乱始末》一节，对第五次上书有这样的记载："有为见四方无事，无所逞其阴谋……益揣摩中外时局……丁酉十月，胶州事闻，有为拊掌喜曰：'外祸亟，吾策行矣。'……抵京不十日，即草疏数千言，求总署代奏……"

不管怎样说，胶州事件的确是引发康有为第五次上书的直接原因。在这次上书中，康有为给光绪皇帝出的"点子"仍是变法图强，并就如何变法提出上、中、下三策，供光绪帝抉择。上策为"择法俄日以定国是"，中策是"大集群才而谋变政"，下策是"听任疆臣各自变法"。

康有为的第五次上书所开列的变法内容是历次上书中最详尽的，几乎包括了他变法的全部主张。此后的上书、奏折，除个别项目外，大都是在第五次上书的基础上加以发挥和具体化的。而且，康有为还第一次提出学习俄日维新变法的经验，走日本明治维新的道路。第一次提出制定宪法的主张,并在过去主张开议院的基础上,提出"自兹国事付国会议行",更明确地提出实行君主立宪的政治纲领。

但是,这次上书仍然未能上达,这使康有为很失望,决定离京南归。在即将离京的那天早晨,户部尚书翁同龢竟然亲往康有为住处留行。第二天,给事中高燮为康有为的爱国精神和远见卓识所感动,上折向皇帝保荐康有为去参加瑞士弥兵会,并请予召见。这是廷臣中第一个正式奏荐并请召见康有为的人。经过翁同龢等的举荐,光绪帝同意康有为上书条陈变法意见。

这使康有为万分激动,于是他又撰写了《上清帝第六书》,于光绪二十四年(1898)正月初八日呈请总理衙门代奏,但直到二月十九日光绪帝才看到。第六次上书的主要内容是为光绪皇帝制定变法的实施步骤和纲领,即大誓群臣、开制度局和设待诏所。其中,开制度局是中心,康有为试图建立一套与旧官制相对立的、从中央到地方的新官制,即新的政权机构。

康有为的第七次上书,是光绪二十四年二月二十日(1898年3月12日)进呈的《为译撰〈俄彼得变政记〉成书可考由弱致强之故折》,以俄国彼得大帝变法图强的历史,说明中国变法应该模仿彼得大帝。

康有为的七次上书,只有第三次、第六次和第七次被送到了皇帝的书案上。但是,未能上达的上书却在公众之间广泛流传，有的甚至刊刻传播。这样一来，康有为的变法理论就得到了一定程度、一定范围上的普及，间接地起到了思想启蒙的作用。康有为成为公认的维新变法领袖，其具备系统的思想理论是主要原因。

4. 变法高潮时，怎奈掣肘何

光绪二十四年（1898），各省举人云集北京，参加春官考试，梁启超、麦孟华、康广仁也来到京师。面对变法维新的有利形势，康有为欣喜若狂，认为大显身手的时候到了，他决心把这些地主资产阶级的知识分子和一些思想比较新的京官，吸引到变法维新运动中来。

由于康有为在京师积极进行组织活动，士大夫集会之风一时极盛，变法维新的呼声极为高涨。

康有为的变法维新主张，打动了光绪皇帝，光绪皇帝为了实行变法，有时也壮着胆子抵制顽固守旧派，这使康有为等维新人士信心十足。慈禧太后玩弄权术、模棱两可的态度迷惑了光绪皇帝和康有为等维新人士，他们误认为慈禧太后不干涉变法，那些顽固守旧官僚也就不在话下了。这些真真假假的现象，促使康有为领导的变法维新声势逐浪高涨。

光绪二十四年四月初十日（1898年5月29日），

军机处领班大臣恭亲王奕䜣去世，顽固守旧官僚失去了一个头目，朝廷上减少了一个阻碍变法的大支柱。康有为认为应该趁奕䜣去世，顽固守旧官僚阵脚还不稳的时候，急速进行变法维新。于是，他赶忙给光绪皇帝上了一道奏折，请光绪皇帝明定国是，以防列强瓜分中国，坚决实行变法，放弃导致国家灭亡的闭关锁国政策，参照西法进行政治、经济、文化方面的改革。这道奏折由徐致靖递到光绪皇帝手中，光绪皇帝出于对列强侵略中国的忧虑和不愿做傀儡皇帝的心情，想通过在国内实行变法，巩固清廷的地位，以此获得声誉，抬高自己的威信，把皇权从慈禧太后手中夺过来。四月二十三日（6月11日），光绪皇帝下诏"明定国是"。这道上谕从语气上看是康有为起草的，上谕中说："数年以来，中外臣工讲求时务，多主变法自强。迩者诏书数下，如开特科，裁冗兵，改武科制度，立大小学堂，皆经再三审定，筹之至熟，甫议施行。"（中国史学会主编：《戊戌变法》）表示了光绪皇帝和康有为变法维新的决心。这道上谕就光绪皇帝来讲，基本上是"中学为体，西学为用"的翻版，也就是三纲五常不能变，统治的方法可以变。这又一次证明：光绪皇帝实行变法的目的，主要是从慈禧太后手中夺取实权，以维护封建专制统治。但康有为却想通过这道上谕实行变法维新，使新生的资产阶级参与国家政权，挽救民族危亡，在中国发展资本主义（参见王汝丰著:《戊戌维新变法运动》,文献出版社1987年版）。

康有为正式被光绪帝召见是在光绪二十四年四月二十八日（1898年6月16日）。就在这前一天,原来极力举荐过康有为的帝师翁同龢的政治生涯随着一道"开缺回籍,以示保全"的谕旨戛然而止。据后来康、梁之说,是后党和皇党权力争夺中,太后欲斩断皇上的左膀右臂而为之。而我们似乎也可以认为是皇上听取了恭亲王临终前对朝野人物的分析,认为汉臣翁同龢一旦与政治新锐联手,权势恐超出朝廷的控制范围。所以皇上在召见康有为之前忍痛革了翁同龢的职。历史总是影影绰绰,令人很难一眼看清它的庐山真面目。

康有为制作的光绪皇帝与康梁合影

事实究竟是怎么样的？断言即是妄言，也或许本来就纠结交错，各方面因素兼而有之。果是如康、梁所言，则皇上失去了重要的政治砝码，于变法不利；果真是遵奕䜣叮嘱的话，康有为失去了重要的政治砝码，亦于变法不利。这可能也是后来我们看到的戊戌变法中维新派无可依赖之权，宫廷政变之时光绪无自保之力的一个重要原因。

二十八日清晨，康有为在等候皇上召见时遇到新任直隶总督兼北洋大臣的荣禄。作为为清朝统治计的皇族大臣，其立场与康有为不同，政见不合在所难免。荣禄得知皇上要亲自召见康有为，便问："以子槃槃之才，亦将有补救时局之术否？"康有为改革的信念坚如磐石，回答道："非变法不可。"（中国史学会《戊戌变法》第二册）

荣禄也依然保持着自己固有的论调："固知法当变也，但一二百年之成法，一旦能遽变乎？"

或许是在康有为看来皇上明令改革的国是诏已下，变法便有了可以仰赖的皇权，也或许是荣禄挑衅的神情和口气激怒了康有为，他出言不逊地回击道："杀二品以上阻挠新法大臣，则新法行矣！"康有为这样愤恨的态度无疑又一次得罪了荣大人。

皇上先问及康有为的年事和出身，康有为据实以对，话锋一转，论及时局，再次强调大清王朝的处境是列强环视，危在旦夕。

光绪帝也深知时局艰危，新法难推，遂道："皆守旧者致之耳。"

听到皇上这样说，康有为大胆地回答道："皇上圣明，洞悉病源；既知病源，则药在此，既知守旧之致祸败则非变法与维新不能自强。"

听后，皇上也表示非变法不可。康有为便接着说："近岁非不言变法，然少变而不全变，举其一而不改其二，连类并败，必至无功。"【《帝制的终结(上):甲午之殇》】并用大厦将倾的道理陈述变法的必然性。

听完康有为一番慷慨陈词，皇上深以为然，认为康有为的想法很有道理。康有为甚是急切地顺势问道："何以久拖不决？"

据后来康有为的记载，当时皇上神色略显慌张，环顾四周方才叹气道："奈掣肘何？"

康有为似乎能感觉到皇上背后更大的权威，但是当时他对形势估计不足，对皇上所言的"掣肘"究竟指什么也并不一定是真正的心领神会，所以才会轻言："以皇上之权，行可变之事，虽不能尽变，而扼要以图，亦足以救中国。唯方今大臣皆老耆守旧，不通外国之故，皇上故倚以变法,犹缘木以求鱼。"(王树增著:《1901年：一个帝国的背影》，海南出版社2004年版)

对他这一番话皇上默然沉思，就国中之事而言，康有为算是深谙时局,但是对朝中之事而言,康有为却只能算是个边缘人。我们猜想他并不能真正理解皇上最切身的困扰。政治本身就是一种相互制衡,即使对皇上而言也不例外。康有为这个并没有真正纳入官僚体制中的改革家当然可以对他的理论和主张高谈阔论,但是言泛空而易论,事征实而难行。康有为可以空谈,光绪帝必须步步落实。依靠谁?满汉的民族问题首先就是一个难题。重用汉人,前朝并非没有先例,但是大变革的非常时期,局势是否能够完全控制?若有闪失,祖宗江山断送。拔擢满洲权贵,作为既得利益集团,他们势必以关乎己运的王朝利益为先而反对彻底的变革,则新法难行,国不能强。朝野的民主问题又是一个难题,起用新人,变法无可恃之实权;仰赖旧臣,深陷在官僚体制中的人很难有在野派的改革锐气。权力是人的网络,有权力的人必然是网络中的某个节点,可以利用这个网络,同时也被网络牵绊着。

良久之后皇上说:国事全误于守旧诸臣之手,朕岂不知?但朕之权不能去之,且盈廷皆是,势难尽去,当奈之何?

康有为略收了一下自己的锋芒说:"并非尽然,诸大臣年事已高,又身兼数差,新务不通,故不知所措。变法欲行,宜举新人,变法之事皇上宜逐一明诏,以绝纷争。请皇上勿去旧衙门,而唯增置新衙门,勿黜革旧大臣,而唯渐擢小臣,多召见才俊志士,不必加其官,而委以差事,赏以卿衔,许其专折奏事足矣。彼大臣向来本无事可办,今但仍其旧,听其尊位重禄,而新政之事,别责之于小臣。则彼守旧大臣既无办事之劳,复无失位之惧,则怨谤自息矣。即皇上果有黜陟之全权,而待此辈之大臣,亦只当如日本待藩侯故事,设为华族立五等之爵以处之,厚禄以养之而已,不必尽去之也。"(王树增著:《1901年:一个帝国的背影》,海南出版社2004年版)康有为在此方面表现了他用新而不弃旧的人事折中建议,颇得皇上赏识。

在建议皇上宜尽早下"罪己诏"之后康有为又谈到了开民智,认为今日中国之患在民智不开,甲午战败不割于朝廷而割于八股,极言八股之害。

皇上点头称是。

康有为顺势说:"皇上既知八股之害,废之可乎?"

光绪帝当即表示可以。

康有为又怕皇上的应诺会因众大臣的阻挠而不能付诸行动,所以接着说:"皇上既以为可废,请自下明诏,勿交部议,部臣必驳矣。"(王树增著:《1901年:一个帝国的背影》,海南出版社2004年版)

光绪帝表示同意。

这件事可能是康有为这次面见皇上最直接的收获。自隋唐以来在中国延续1000多年的科举考试到后期已经严重阻碍了人才的选拔，康有为年轻的时候就对这种如同女人裹脚一样束缚住读书人心智的考试深恶痛绝。在废除科举这件具有历史意义的事件上他确实起到了不可磨灭的作用。

谈话接近尾声时，正如西花厅问话时翁同龢最关心财政问题一样，皇上也迫切地想要知道解决国库空虚的良方。因为钱饷的问题一旦存在就显得尤为迫切，而且它会滋生很多其他问题。康有为略谈西方国家的税制、币制之后，又谈到了内政上，认为政治上有办法，其余困难都会迎刃而解。这显然有点儿空泛，不能解皇上燃眉之急，有论虚而不务实之嫌，而且康有为此次所谈的问题没有超出他之前上书的内容，甚至还没有上书中的表述更有条理。此外据说当时方言问题也成为康有为和光绪帝交谈的障碍，两人的沟通似乎不是特别顺畅，所以康有为并没有因为面见而在皇上那里得到更多的好感。

一个多小时的面谈结束后，皇上召集李鸿章、廖寿恒、刚毅等臣僚讨论对康有为的任用问题，最后决定任命其为总理衙门章京上行走。"章京"是满语译音，在这里指的是总理衙门内一个相当于今日科处级的普通官员。区区一个章京上行走，有意辅佐维新大业的康有为对这样的安排不甚满意。梁启超得知这一结果之后，也愤愤不平地表示对一个主导维新的关键人物做这样的人事安排非常荒唐。可是康有为等人认为皇上既然已经亲自召见，就说明他是有意要重用康有为。据此他们推测，这样的决定不是出于皇上的本意，而是为慈禧太后所牵制。而慈禧太后在光绪帝召见康有为的前夕确实将二品朝臣的任命权收归己有，因为此前与康有为关系十分密切的言官徐致靖曾上折保奏康有为为光绪帝的变法顾问。当时维新大业刚刚开局，支持改革的翁同龢又开缺回籍，皇上极需要新的膀臂来辅助自己，因此在这个时候他重用康有为是极有可能的事情。慈禧太后事先得到了消息，她自然不会留下余地让这样的事情发生。所以，她提前作出了决定，称日后补授重要官职须征得她的同意。因此康、梁的推断就不能说是没有道理。在维新刚刚开始的时候，太后在维新派的心目中就已经留下了顽固保守、阻挠新政的印象，难怪后来康梁派的著述始终是坚持帝党后党之争的说法。后来同僚以实情相告，更证实了康有为的这一推断，荣禄先在皇上面前参劾康有为，然后又串联刚毅在皇上要重用康有为的问题上万万不能同意，一定要给他来个下马威，挫挫新党的锐气。所以皇上召集军机大臣商议该如何安排康有为时，虽然廖寿恒想要举荐康有为做五品卿，但是刚毅发表意见在先，要给康有为一个无足轻重的官职，以此羞辱刚刚要正式踏入官场的康有为。

不过后来在刚毅转递康有为的谢恩折时，皇上说："何必代递？此后康有为有折，可直接呈递。"（《康南海自编年谱》）这样康有为就有了直接报送专折的特权，关于康有为的任用问题得到了些许平衡。

社会变革往往是巨大的工程，任务是艰巨的，过程是复杂的，经历的时间一般也会很长，变革的领导者必须对此有充分的思想准备，而且要有坚忍的意志，有掌控变革进程的能力。

进入七月份，光绪帝明显是着急了，他渴望变法尽快显现功效。在急躁心情驱使下，他认为清帝国的官员老谬昏庸，因循守旧，消极懈怠，这是实施变法以来成效缓慢的主要原因。他一面催促各地官员落实他下令实施的变法举措，一面加速向变革的更深层面挺进。

当皇帝急躁不安的时候，七月初七（8月23日），前太仆寺少卿、署理大理寺正卿岑春煊上呈奏折，恳请朝廷裁撤冗员。他在奏折中说：京中的衙门，詹事府、大理寺、通政司、太常寺、光禄寺、鸿胪寺、太仆寺等，是可以裁撤的；外地的一些官僚机构，如湖北巡抚、广东巡抚、云南巡抚、河道总督、漕运总督，也是可以裁撤的；漕运、河道、学政、绿营、盐务等系统有许多冗员是可以裁减的。岑春煊认为，裁撤这些机构和人员，行政会更有效率，一年节约的银子可达

岑春煊

数百万两之多。

应该说,岑春煊看到了清王朝政治肌体上的某些腐朽之处,恳请朝廷裁撤冗员的思想是对的。詹事府、大理寺、通政司、太常寺、光禄寺、鸿胪寺、太仆寺,是从明朝或者明朝以前朝代沿袭下来的机构,所管辖事务大多是关于文化、礼仪、咨询等性质的,可以分别并入礼部、刑部、都察院、兵部等衙门。湖北、云南、广东三地巡抚,其驻地分别与湖广、云贵、两广三总督同城,其职能也可以由三总督替代。河道总督、漕运总督的职责可以由各地巡抚兼理。

岑春煊的奏折引起了光绪帝的重视,他于当日发下谕旨,要求军机处和总理衙门妥议具奏。军机处和总理衙门没有马上拿出处置意见,奏复皇上。在当时这种情况是正常的,因为岑春煊裁撤冗员的恳请非常大胆、激进,涉及清帝国的政治体制,且涉及面广,牵扯人多,奕劻、王文韶等人在短时间内难以做出处置;也许他们认为这样根本是不可行的,反对这样做。

处于急躁状态下的光绪帝等待着军机处和总理衙门的奏复,却迟迟没有接到奏折。恰恰在等待的时候,七月十三日(8月29日),光绪帝收到了康有为上呈的两道奏折,其中之一是《恭谢天恩并陈编纂群书以助变法折》。前段时间,康有为给光绪帝上呈了他所编纂的《波兰分灭记》等书籍。《波兰分灭记》讲的是近代波兰如何遭遇列强瓜分以至于亡国的历史。七月初五(8月21日),光绪帝赏赐了康有为2000两银子。于是,康有为上奏折以谢天恩,同时继续阐述自己的变法思想。

在《恭谢天恩并陈编纂群书以助变法折》中,康有为称:朝廷已经失去了两次变法的时机,在光绪十四年(1888)和光绪二十一年(1895)他都曾上书皇上,陈述变法主张,可惜他的条陈没有呈到皇帝面前,现在进行的变法是第三次机会,如果再次失去,中国将步波兰后尘,面临危亡的境地。康有为仍然主张"大誓群臣""开制度局",而且特别强调皇上在实施变法的过程中,不用过分听从军机处、总理衙门等机构的处置意见，应该更有魄力，乾纲独断：

"皇上君临天下，就应该乾纲独断，雷厉风行，像是牧羊人驱赶着一群羊一样，您的鞭子指向哪里，羊群就应该到哪里去。皇上应该自己决断，无须为庸人所乱，无须为谣言所动，变法是肯定能成功的。您需要做的是：选通才于左右，以备顾问；开制度局于宫中，以筹全局。如果您的左右无谋议之人，全局无统筹之计，那中国就会像波兰一样亡国，到那时候想变法也不可能了。"（《康有为变法奏章辑考》）

康有为所上的另外一道奏折是《厘定官制，请分别官差，以行新政折》。在这道奏折中，他认为在清朝政体中，官位、差使不分，官级森严且仕途漫长，由此造成了严重的后果，"官差杂沓，并归一人，势必一切具文不办而后止。外省督抚亦以秩尊年老积资选用，故亦一事不办"。

在清朝的官僚体系中，官员的职务是分"官"和"差"的。所谓"官"，是指官位，比如尚书、侍郎、知府、知县等，是有严格品级的，是固定常设的，官员一般是逐级升迁的。所谓"差"，是指差使，是游离于官位之外的工作岗位，一般为临时设立的事务性岗位。很多差使逐渐固定下来，如军机大臣、总理衙门大臣、章京等。差使与官位没有直接联系，如在军机大臣上行走的可以是尚书，也可以是侍郎。

康有为说:"我朝官位陡峭,官员升迁至高位的时候大多年已老矣。我朝用人一向官差不分,多个官位、差使集中于一人,势必造成行政效率低下。鉴于这种情况,我认为可以将高位留于老臣,在差使上使用有才能的人。那些官至高位且年老精衰的人,是害怕干实事的。"(《康有为变法奏章辑考》)

在《厘定官制,请分别官差,以行新政折》中,康有为表现出难得的务实态度,希望区别对待官位和差使,以解决他们这些"有才能的人"与老臣之间的冲突。当然,他也狠狠批判了那些"官至大僚皆年老精衰"者。

当康有为的两道奏折摆在光绪帝面前的时候,恐怕恳请皇上乾纲独断的主张和对高官们年老精衰的批判更对皇上的"胃口"。对于焦躁的皇帝来说,岑春煊的奏折是在皇帝的心中点燃了一把火,而康有为的两道奏折无疑是在皇帝的心中浇了一瓢油。

光绪帝是性急的,在收到康有为奏折的当天,在没有等到军机处和总理衙门对岑春煊奏折的议复的情况下,他令军机处起草了一份谕旨,允准岑春煊裁撤冗员的恳请,裁撤詹事府、大理寺、通政司、光禄寺、鸿胪寺、太仆寺、湖北巡抚、广东巡抚、云南巡抚、东河总督、漕运总督等机构及官职,同时对粮道、河道、盐务等系统的冗余部分进行裁减。

一下子裁撤了这么多官职和机构，这显然是变法过程中的一次大动作。光绪帝对此次决定十分重视，亲自用朱笔反复改动谕旨。七月十三日（8月29日），光绪帝驻跸颐和园，他的决定应该是请示了慈禧太后并得到批准的。此谕旨于七月十四日（8月30日）由内阁明发。

今天的人们大概都知道，机构改革过程中要紧的是人员安置问题，在出台机构改革方案的同时，应该尽可能将被裁撤人员安置好，否则会引起不同程度的社会反应。光绪帝七月十四日（8月30日）下达裁撤冗员的谕旨的时候，没有跟着出台相应的人员安置办法。这是光绪帝考虑不周全的地方。

七月二十三日（9月8日），光绪帝下达谕旨，提出在铁路矿务总局、农工商务总局等新的机构中安置部分裁撤人员。他提出这个设想的时间太晚了，没有等到安置方案出台，社会上已经产生了混乱和恐慌。另外，铁路矿务总局、农工商务总局等新的机构职位有限，难以容纳被裁减下来的人员。

裁官在北京城里引发了强烈的社会混乱。当时在京城为官的陈夔龙后来思考戊戌政变的起因，称："戊戌政变，首先起源于裁官。京城闲散衙门被裁撤者不下10余处，连带着因此而失业的有近1万人，朝野震骇，颇有民不聊生之戚。"陈夔龙说到太仆寺被裁撤后的景象,"寺中自奉旨后,群焉如鸟兽散,衙门内不见人迹",印信文件全部失散,太仆寺的门窗被人拆毁无存,到处是一片混乱、恐慌的气氛(《梦蕉亭杂记》)。

其实,早在康有为上"第六书",恳请设立制度局的时候,京城之中便开始有裁官的传言。《清廷戊戌朝变记》中说:"据康有为此书,并无裁官之说,仅请于京城设立制度局并十二局之议。而当时之物议沸腾,且因新党中少年高兴,到处议论'某官可裁,某人宜去,现已如何奏请皇上饬办,而皇上发下何旨',肆意矜张,为守旧中有心相仇者听去,遍传也。"

七月十四日(8月30日),光绪帝下达裁撤冗员的谕旨后,社会上关于裁官的传言得到了部分印证,混乱、恐慌随之产生,更多的谣言四处散播:"京中已有裁撤六部九卿,而设立鬼子衙门,用鬼子办事之谣;竟有老迈昏庸之堂官,懵懂无知之司官,焦急欲死者,唯有诅谤皇上,痛骂康有为而已。"(中国史学会:《戊戌变法》)

代表社会进步方向的社会变革为什么会遭到部分社会成员的反对,引发社会混乱呢?这是因为中国长期处于专制体制下,大部分社会成员的利益与旧的体制捆绑在一起,社会变革会影响到部分社会成员利益,他们出于维护自身利益的考虑,一般会反对社会变革,即使他们知道改革代表社会前进的方向。严复分析了当时社会状况后就说：

"国家长时间处于太平环境中，体制没有变化，其中任何一项制度，都与众人的利益密切相连。一项制度存在的时间越久，其弊端越多，与之利益相连的人越多。如果有一天，国家要改变某项制度，这项制度带给某些人的利益会随之消失，那些人势必会想尽办法，出死力与变革者为难。

"一般说来，社会体制的弊端越多，越需要尽快变革；变革的要求越急切，其难度越大。体制的弊端与其产生的私利、变革的难度是成正比的。一般来说，人们并非不知变法有利于国家，知道不变革的后果是整个社会付出代价。但是，他们担心的是变革给他们自己带来的损失。在这些人看来，变革为社会带来的公利无法马上见到，变革带给个人的损失却近在眼前，他们也就不会用个人的损失换取社会的公利。"（《严复集》，中华书局1986年版）

社会变革大都会引起不同程度的社会反应，一些激烈的反应表现为社会混乱或者动荡。社会变革必然会有社会阵痛，但是改革者必须高度重视变革所引起的社会阵痛，并且尽量减小这种阵痛，因为一些激烈的社会反应会葬送改革的成果甚至是前途。

在当年那场扑朔迷离的维新变革中，在接下来的日子，政治走向越来越不明朗，京城的政治气氛变得异常暧昧。很多事情没有办法清晰判断，而且身在庐山，不识其面，大家能够串联起来的仅仅是自己所掌握的事件。但是出于自危，情急之中大家纷纷就自己所知的事件做着各种解读和猜测，而这些解读和猜测有相当一部分是误读和臆测。结果就是事情越来越云遮雾罩，历史的合力超出了任何一方的估计、判断和准备。

皇上的诏书让康有为等人感觉举兵勤王之事刻不容缓。八月初三晚上，谭嗣同径直到法华寺造访袁世凯。深夜来访，袁世凯必知事情非同寻常，于是将侍从屏退，只留下心腹幕僚徐世昌。袁世凯将谭嗣同请进内室，礼貌性地寒暄之后，谭嗣同迫不及待地问袁世凯："你觉得当今皇上是什么样的人呢？"

袁世凯回答道："皇上实在是旷世圣主！"

谭嗣同接着问："太后欲在天津阅兵之时废弑皇上的阴谋，袁兄可知晓？"

袁世凯不语，表示他有所耳闻。

这时，谭嗣同拿出了皇上的密诏给袁世凯看，并说："如今可以救皇上的人只有袁兄，就看你想不想救。如果你不愿意营救皇上，那就到颐和园告发我，请太后杀了我。"谭嗣同一边说一边就着自己的脖子做了一个杀头的动作，"你可以凭这件事大富大贵"。

袁世凯正色厉声说道："你把我袁世凯看成什么人了？圣上是我们大清国的圣上，是吾共同效力之圣上，我和你一样同受皇上的恩遇，救护皇上不独独是你的责任，也是我袁世凯义不容辞的责任。如果有什么赐教和安排，愿闻其详。"

于是谭嗣同将荣禄天津密谋和盘托出："荣禄的密谋都在天津阅兵一事中，你和董福祥、聂士成三军都受到荣禄的节制，荣禄会借助兵力废上。虽然这样，董福祥、聂士成不值得一提，当今形势下最有实力的人是你。如果荣禄真的要发动政变，希望你能以你的军力来抵制董、聂两股兵力，保护圣上恢复大权，清除皇上身边的小人，整肃宫廷。为江山社稷和维新大业保驾护航，这真的是惊天动地的伟业。"

听完谭嗣同的一番话，袁世凯表示："如果皇上在阅兵的时候迅速地进入我的军营，并且传号令诛杀奸贼，那我一定会跟随诸位，保护皇上，万死不辞。"

得到袁世凯这样的表态，谭嗣同心里一块石头终于落地，可是他还是担心袁世凯在荣禄那里不好交代。于是便问："荣禄待你不薄，你怎么跟他交代呢？"

袁世凯笑着没有说话，但是据袁世凯幕府里的人说："荣禄并不是真正推心置腹地对待他。原来有人曾经想增加袁世凯的兵力，可是荣禄反对汉人手握的兵权过大，所以荣禄对袁世凯不过是表面上的笼络而已，并非真心相待。前年胡景桂弹劾袁世凯，荣禄谴责他的行为并且将其查办了，以此来显示他对袁世凯的恩情，可是胡景桂只是被贬谪到宁夏做知府，不久就升任宁夏道。荣禄一向这么阴险有心计，袁世凯当然是知道的。"

听到这样的话，谭嗣同开始觉得袁世凯这股力量是可以信赖的，但是真的要拉袁世凯入伙，他又有些担心："可是荣禄是非常不好对付的。"

袁世凯怒目相视说："如果皇上来到我的军营，那杀荣禄就像杀死一条狗一样简单。"

至此谭嗣同完全相信了袁世凯的话，将保救皇上的"围园捕后"计划详详细细地告知了袁世凯。可是听完计划后袁世凯却又一再申述自己的难处，他说天津租界地有很多外国人，以下犯上谋杀总督会引起列强的巨大反应。另外，就朝廷的武力配备情况来看，北洋有宋庆、聂士成、董福祥各军共四五万人，淮军、练军又有70多营，京内旗兵也不下数万，而自己只有7000人，恐怕难以胜任这样的事情。他需要从容布置。

谭嗣同的回话是没有余地的："事情十分紧急，必须即刻定准一个办法，我才可以复命。"

袁世凯听到他这样声色俱厉的催促，又看到他腰间衣襟高起，好像藏有凶器，不敢有正面冲突，便向谭嗣同保证："只要对国家和皇上有利，我一定以死相报。"接着又借口说，"现如今，营中枪弹火药都在荣禄手上，而且营哨官员也多是荣禄的旧部下。事情这么紧急，而且计划已经订好了，那么我需要马上回天津营，更选将官，设法储备一些弹药。"

谈话至此，谭嗣同才起身告退。

这次谈话是在八月初三夜里，时隔一日，初五皇上又召见了一次袁世凯。在这次召见中，袁世凯在光绪帝面前其实隐约透露了一些自己对"围园捕后"之事的想法，因为他觉得如果真的按照谭嗣同等人的办法行事，可能会酿成大祸。但是这毕竟事关重大，袁世凯不好直说，所以他只是"稍露词意，冀可补救"，劝光绪帝说古今各国变法均非易事，皇上宜等待时机，切不可操之过急，免生流弊。还说变法问题的关键在用人上，维新派虽然不乏明达猛勇之士，但是毕竟阅历太浅，办事可能有失偏颇，一旦有所疏误恐怕会连累皇上。所以他建议启用明达时务、老成持重的旧臣张之洞等人。袁世凯虽一再强调在用人问题上皇上需要小心，但是似乎并没有引起皇上的警觉，也或者是皇上已经知道大势已去，多言无益。所以，在袁世凯一番用心良苦的劝告之后，皇上还是"无答谕"。

第二天政变就发生了。在此后维新派的话语体系中，始终是将袁世凯向荣禄告密作为政变发生的直接原因，这给人一种康有为与袁世凯不共戴天的印象。但事实上，在政变发生之后的光绪二十四年（1898）十月，康有为还曾给袁世凯写过一封信，在信中他还是坚持认为在中国岌岌可危的情况下能够挽救时局的只有袁世凯,表示了对"围园"一事未果的谅解,称"公受知遇,同衔衣带,当别有苦衷,以救圣主而救中国,但需时耳",希望"与公分居者行者之任,为国为家,努力努力!"康有为对袁世凯的谅解未必是真诚的,只是出于文人无兵权、无力量的无奈,不得不讨好袁世凯,但是他对光绪皇帝的一片赤诚却是不容怀疑的。为了挽救光绪皇帝的性命,恢复光绪皇帝的权力,他在为一切可以依赖的力量奔走。

5. 须臾政变,去留肝胆两昆仑

慈禧太后于9月19日由颐和园回宫,20日光绪皇帝接见袁世凯和伊藤博文时,据说已经失去了自由,是在监视下进行的。第二天,光绪皇帝即"发布"谕旨,称"现在国事艰难,庶务待理,朕勤劳宵旰,日综万机,兢业之余,时虞丛脞"。而慈禧太后自同治年间以来,"两次垂帘听政,办理朝政,宏济时艰,无不尽美尽善",所以皇上"再三吁恳慈恩训政",希望能"仰蒙俯如所请",宣布由太后重新训政,这实际上是将政变公之于众。与此同时,朝廷还发布谕旨:谕军机大臣等,工部候补主事康有为结党营私,诱言乱政,屡经被人参奏,著革职,并其弟康广仁,均著步军统领衙门拿交刑部按律治罪。

接到捉拿政治犯康有为的谕令后,上午10时许,步兵统领衙门派300人包围南海会馆以及康有为经常出没的张荫桓官邸。但是康有为已经在康广仁和梁启超的一再劝说下于凌晨离开了京城。抓捕康有为未得,步兵统领衙门只在南海会馆抓到了其弟康广仁和康有为的几个门人。他们将这一干人等带到监舍中,旋即开始讯问康有为的去处。这让康广仁担心之余又暗生庆幸,既然朝廷还在盘问康有为的下落,那证明他已经逃出了危险区,但是后有传言称康广仁出卖同志,"诬攀"数百人。作为戊戌六君子之一的康广仁最后毕竟是为中国的改革事业洒血的志士,在狱中曾经是"言笑自若,高歌声出金石",还慷慨激越地称:"死则中国强在此矣,死又何伤哉?"想来不会是贪生怕死、变节求荣之徒,但也许正是他的正义气概和大无畏的精神使他蔑视清廷,侃侃而谈他们惊天动地的政变计划。他不知道朝廷对他们的"围园"计划还没有完全掌握。康广仁误认为已在清廷掌握之中的交代使朝廷大惊失色。康有为策划的"围园捕后"一事在康广仁被捕后真正浮出水面,于是形势急剧恶化。

而在京师,最重要的事情就是弄清楚康有为"围园捕后"的全部计划,锁定涉案人员,扩大缉捕范围。根据康广仁的交代,这个计划是受到了皇上的指使或者暗示的。但是随着袁世凯向荣禄禀报谭嗣同当天夜访时的情形,以及各种可以证明皇上并不知情的线索陆续浮出,皇太后或许是相信了皇上的无辜,或许是认为皇室成员是利害相关的一体,所以并没有对皇上进行深究。在八月初九日(9月24日),最终下发的革职治罪名单中有张荫桓、徐致靖、杨深秀、杨锐、林旭、谭嗣同和刘光第等。

朝廷派人去查抄康有为居住的南海会馆时,梁启超正在谭嗣同的住处,突然听到康有为居所被查抄的事情,紧接着又听到请求太后垂帘听政的上谕。谭嗣同从容地对梁启超说:"原来想要救皇上救不了,现在想要救康先生也救不了,我活着已经没有什么用了,只等着死期到来。即便是这样,天下事本就当有知其不可为而为之的,您还是试着到日本使馆去拜见公使,请他给上海领事馆发电文解救康先生吧。"那天梁启超住在日本使馆,"颜色苍白,漂浮着悲壮之气",向日本公使告急:"我三天之内就需要赴死,有两件事要托付阁下。现在皇上已经被幽禁,希望您能帮助皇上脱离危险的境地,另外就是设法营救康有为先生。"日本公使林权助不仅答应了梁启超的请求,还表示愿意将他也一并解救。梁启超感激涕零,但还是离开了。直到晚上,公使馆门口突然发生了一场骚乱,不一会儿,梁启超冲了进来。这一夜梁启超躲在日本公使馆。当时尚在中国的日本前首相伊藤博文得知此事,也表示赞成救助维新派。而本来可以跟梁启超一起到使馆避难的谭嗣同却留在家里从容待捕,但等了一天朝廷也没有前来缉拿他。第二天他带了自己所写的几本诗词文稿以及一些家书到日本使馆跟梁启超见面,将这些东西托付给梁启超,并且劝他东渡日本,情词恳切:"没有保全性命的人,维新大业就没有将来,没有就死的人,就没有办法报答圣主的知遇之恩。现在康先生生死未卜,程婴杵臼的故事要在我们两个身上上演了。"说完这一席话,他和梁启超紧紧相抱,以示诀别。此后3天他还跟之前的江湖弟兄做着救护皇上的最后努力,被捕的前一天曾经有日本志士劝他东渡日本,可是他没有接受这样的劝告,而是慷慨地说:"各国变法没有不是从流血牺牲开始的,可是如今中国还没有因为变法而流血牺牲之事,这是中国之所以不能强盛的原因所在。要流血那就从我谭嗣同开始吧!"

八月初十谭嗣同被捕。他在监狱的墙上题诗一首:"望门投止思张俭,忍死须臾待杜根。我自横刀向天笑,去留肝胆两昆仑。"这首诗不但淋漓尽致地体现了他勇毅无畏的人格,也是维新志士坦荡胸怀的集体写照。

杨深秀也表现得非常镇定,政变已经发生,人人自危,可他却依然直言上书诘问光绪帝被废的原因,还援引古义,痛陈国难,请慈禧太后撤帘归政。

刘光第同样是古今难得的义士，政变前康有为曾经遭到湖南守旧势力曾廉的弹劾，光绪帝请谭嗣同逐条驳斥。谭嗣同誓言以百口保康、梁之忠，如果曾廉之言属实，自己愿意先受责罚。刘光第被谭嗣同的义气之举所感染，在驳斥状上同署名愿坐罪以保康、梁，将维护维新志士看作是君子之行，可以称得上是义薄云天。

杨锐比较持重，是张之洞的弟子，位列军机四卿，获罪之后张之洞曾经竭力保救，但是清廷处决之速没有给他留下足够的活动余地。

八月十三日（9月28日），朝廷未经审讯便将谭嗣同、康广仁、刘光第、林旭、杨锐、杨深秀6人在北

戊戌六君子被杀害图

京菜市口杀害。谭嗣同在刑场上还高呼道:"有心杀贼,无力回天,死得其所,快哉快哉!"六君子的从容就义写就了中国近代史上悲壮、凄美的一篇。

以下是清廷八月十四日(9月29日)公布的案件说明:

"谕。近因时事多艰,朝廷孜孜图治,力求变法自强,凡所设施,无非为宗社生民之计。朕忧勤宵旰,每切兢兢。乃不意主事康有为首倡邪说,惑世诬民,而宵小之徒,群相附和,乘变法之际,隐行其乱法之谋,包藏祸心,潜图不轨……"

秦桧诬杀岳飞尚有一个"莫须有"的罪名,而对于清廷未加审讯就对志士行刑这种极不负责的做法,康有为和梁启超在后来的文章中都表示了极大的愤慨,但都已于事无补,只能让人愈加感觉历史的沉痛。

除了维新变法时期最显眼的康梁和戊戌六君子之外,张荫桓、黄遵宪等主张维新的大臣也在朝廷的打击之列,只是他们此前已是负责朝廷外事的重臣,身上维系着别国在中国的政治权益。所以,朝廷对他们的缉捕遭到了英、日、美等国的干涉,由此才得以幸免。

在政变的关口上,昔日一道为中国维新事业奋斗的人,做出了不同的选择,死者以性命酬志,生者以余生续业。正像谭嗣同诗中所写的"去留肝胆两昆仑",他们的生命光辉是后人不朽的精神财富。

对于生死，康有为是参悟透了的，他曾经说："死生有命。吾尝在粤城步经华德里，飞砖掠面几死，若死盖亦无所避矣。中国危亡如此，今躬遇圣主，安可计较祸患而不救？"（《康南海自编年谱》）

康有为只带着一名随从就离开了京城。在路上他计划着出京后的去处，最终还是生死有命的想法占据了上风，所以他决意不瞻前顾后，直奔天津。晚上坐火车到达塘沽，然后转乘招商局轮船"海晏"号前往上海。康有为已经登船进了船舱，可是因为没有一等舱的票，而且那艘船要等到第二天下午才能起航，要在船上等很长时间，突然他又一下子改变了主意，想换别的船。尽管招来了别人的抱怨，挑夫也趁机勒索，随从李唐也说不要回去的好，但是康有为是一个一旦下定决心就不轻易改变的人。他还是坚持下船登岸，在塘沽的客栈待了一个晚上，第二天早上10点多的时候坐英国公司"重庆"号轮船出发。这一天不仅京师步兵统领率兵到南海会馆逮人，荣禄也派了很多人遍搜塘沽。当时在京师的党人听到这个消息后都替康有为捏了一把汗，以为他必死无疑，而在路上的康有为还毫不知情。虽然此前他知道自己可能会有危险，但似乎没有料到形势会这么紧急。慈禧太后听说康有为已经逃跑了，就立即发密电到烟台、上海道，命令搜查各轮船协拿要犯，还派出了从德国新购的"飞鹰"

号军舰前往追捕。"飞鹰"号的航行速度比"重庆"号几乎能快上一倍，如果不出意外的话，康有为在劫难逃。可是，吉人天相，"飞鹰"号的船长以燃料不足为借口中途而返，这或许是在冒死帮助康有为，因为船行已经过半，能返回天津的话就一定能追到上海。事实上船长也真的因为这件事而惹来了牢狱之灾，可是处境最危险的康有为还浑然不知。当他进入烟台港的时候，缉捕的电文早已下达，可是当时道台去了胶州，把电报码带走了，他的书记译不出这个电报。此时的康有为还已经逃离了塘沽而备感轻松，悠然上岸游览，还买了两筐五色石子。轮船在烟台停靠了一个多小时，康有为居然安然无恙。可事实上海边悠游的每一刻都是性命攸关的时刻，密电从烟台道发到胶州，道台看到译出的电文后火速赶回烟台，但是轮船已经离港了。

6. 知其不可为而为之精神永存

戊戌变法虽然失败了，但是这一事件在中国近代史上占有重要位置，各个时期的人们都予以高度评价，人们大都认为：戊戌变法是一场资产阶级政治改革运动，以推行君主立宪制为政治目标，它虽然失败了，却有着划时代的伟大历史意义。

人们为什么会对戊戌变法做如此评价呢？人们的

主要依据是康有为变法期间提出的一系列政治主张，而这些主张主要见于康有为留下来的《戊戌奏稿》一书。《戊戌奏稿》始刊印于宣统三年（1911）六月，当时康有为尚流亡国外。在这本书的凡例中，他的弟子，也是他的女婿麦仲华称，此书是康有为的女儿康同薇"累年搜辑、抄存，得二十篇"。

在宣统三年（1911）以后相当长的时间里，由于种种原因，晚清清廷档案整理工作一直没有跟上，《戊戌奏稿》一直被当作研究戊戌变法的重要史料。1958年，中国史学会主编《戊戌变法》资料丛刊，将《戊戌奏稿》所录康有为奏折和进呈书序一并辑入，这使得《戊戌奏稿》里面的文字流传更广。

从《戊戌奏稿》里面的文字看，康有为在戊戌变法期间主张民权和设立议院，也就是说，戊戌变法以推行君主立宪制为目标。比如，《戊戌奏稿》所录"上清帝第六书"中说：

> 考其维新之始，百度甚多，惟要义有三：一曰大誓群臣以定国是，二曰立对策所以征贤才，三曰开制度局而定宪法……
>
> 设制度局于内廷，选天下通才十数人，入直其中。王公卿士，仪皆平等，略如圣祖设南书房，世宗设军机处例。皇上每日亲临商榷，何者宜增，何者宜改，何者

当存，何者当删……商榷新政，草定宪法……

近泰西论政，皆言三权：有议政之官，有行政之官，有司法之官。三权立然后政体备（中国史学会：《戊戌变法》第二册）。

从这些文字看，康有为开制度局的目的就是制定宪法，施行宪政。再有，《戊戌奏稿》中收录了内阁学士阔普通武于光绪二十四年（1898）七月初三日上呈奏折，奏折恳请设立议院，其中有这样的话：

臣窃闻东西各国之强，皆以立宪法、开国会之故。国会者，君与国民共议一国之政法也。盖自三权鼎立之说出，以国会立法，以法官司法，以政府行政，而人主总之，立定宪法，同受治焉。人主尊为神圣，不受责任，而政府代之……伏乞上师尧、舜三代，外采东西强国，立行宪法，大开国会，以庶政与国民共之，行三权鼎立之制，则中国之治强，可计日待也（中国史学会：《戊戌变法》第二册）。

这段话更是将西方君主立宪制度讲得明白无误，说明戊戌变法期间，康有为等维新人士所追求的是近代西方资本主义政治制度。关于民权、议院等政治观点，《戊戌奏稿》中有很多处。这是后来研究者认为戊戌变法是一场资产阶级政治改革运动的主要根据。

但是,后来的历史研究发现:《戊戌奏稿》中主张民权、议院的文字是康有为后来增添、改易的,真实的奏稿完全不是这样,康有为对《戊戌奏稿》进行了相当多的改篡!台湾历史学者黄璋健和大陆学者孔祥吉对此有很大贡献。1981年,故宫博物院发现内府抄本《杰士上书汇录》(3册),抄录了康有为从光绪二十四年(1898)正月直到七月十三日(8月29日)呈递给光绪帝的18件奏稿。《杰士上书汇录》是依照康有为戊戌年奏稿的原呈或副本抄录的,它的发现更加有力地证明,康有为大量改篡了变法期间的奏折。

康有为为什么要改篡变法期间的奏折呢?这里有个客观原因。光绪二十四年八月初五日(1898年9月20日),康有为匆匆离开京城,不及整装,他在变法期间所写的奏稿想必散失了很多,后来只能靠记忆补缀,差错在所难免。但是,把《戊戌奏稿》的政治主张改篡了,肯定是康有为有意而为之。戊戌政变以后,中国社会变化很快。进入20世纪,政治变革的浪潮日益高涨,以康有为为首的"立宪派"与以孙中山为首的"革命派"针锋相对,持续论战。这时候,康有为在戊戌年期间提出的伸张君权的政治主张便过时了,并且受到"革命派"的攻击。在这种情况下,康有为索性把变法期间的奏折改篡了,通过这样的手段告诉世人,他的政治主张一直是君主立宪的。康有为此举不过是欺骗世人,粉饰自己。

前文有述,康有为在受到光绪帝召见后,政治主张发生重大改变,完全转向了"尊君权、用君权"。光绪二十四年(1898)五月二十八日,康有为专门在《国闻报》上作《答人论议院书》,以阐述自己尊君权、不设议院的主张:

> 西欧各国与中国的国情不同,他们好似中国春秋战国时代的状况,中国形成大一统已经有两千多年了。现在,皇上非常英明,变法在全力推进中,要是朝廷有议院,变法能够如此顺利地实施吗?所以说,现在谈议院,谈民权,是帮助守旧者自亡其国。现在中国的民众如同童幼婴孩,他们是不能自主、议政的,中国只有以君权治天下。皇上是天赐勇智,千载难逢,有这样的君主,我等只需为他谋划,竭尽全力辅佐他即可,然后高声称颂皇上的圣明(《康有为全集》第四册)。

至少在戊戌变法期间,康有为更多地迷信君权,他所主张的制度局、议院、懋勤殿,完全不是西方政治体制中的议会。

另外,戊戌变法的参与主体是以光绪帝、康有为(工部主事)、张荫桓、李端棻、徐致靖等为代表的官僚阶层,以梁启超、汪康年、唐才常、毕永年、康广仁等为代表的士人阶层,而不是所谓的资产阶级。光绪二十四年(1898)前后,中国资本主义尚处于初步发展时期,民族资产阶级的势力非常弱小,他们没有深入参与到这场运动中来,而像盛宣怀、郑观应、经元善等资产阶级代表人物,他们不赞成康有为激进的变法主张。

所以,戊戌年间的变法运动,是当时官僚、士人阶层在强烈的外部形势刺激下,以救亡图存为目的,以全面、激进的政治变革为手段的自救行为,是民族存亡关头的一种应急反应,是谋求国家富强的一种冒险尝试。

事实证明,这种自救和冒险行动没有获得成功。戊戌年前后的中国积贫积弱,外部环境险恶,以激进的变法为手段谋求自救、自强,这是一个不可能完成的任务。亲身参与了戊戌变法的张元济后来回看那段历史,也是这样认为的。他沉痛地写道:"在当时环境之下,戊戌变法的失败是必然的,断断无成功的可能。当时我们这些人要藉变法来挽回我们的国运,到后来才知道是一个梦想。"(张元济《戊戌政变的回忆》)

戊戌变法虽然失败了,但是无论当时还是后来的人们大都对其抱有同情、惋惜的态度,认为如果不是慈禧太后等"顽固派"横加摧残,戊戌变法会取得成功,中国会由此实现近代化,从此变得强盛。

人们的这种认识实际是一种错觉，戊戌变法是不可能成功的。康有为等人主张"尊君权"，戊戌变法不可能在中国实现君主立宪；当时的中国积贫积弱，内忧外患，激进的改革也无法实现自救、自强；光绪帝、康有为等人无法与当权的慈禧太后、荣禄等人相抗衡，更难以实现大规模权力更替。无论从哪个标准衡量，戊戌变法都难以成功。

戊戌变法在中国近代史上占有重要位置，是因为它以一场运动的方式，自上而下地肯定了变法，张扬了变法，变法的思想以前所未有的广度、深度得以传播；而变法、变革，正是古老中国走向近现代化的根本途径，是近代中国的"主旋律"。戊戌变法是这个"主旋律"的第一个强音，短促而又激昂，在整个20世纪的中国历史进程中不断回响。

戊戌变法与康有为是分不开的。康有为是一个有自我迷信情结的人，他有理想、胆气、热情，性情也偏向自我、狂妄、偏激。在戊戌变法前后，他满怀热情，以一个改革者大无畏的精神，甚至是"知其不可为而为之"的精神，全力推动变法的实施，最终才有"百日维新"的产生。"百日维新"虽然失败了，而康有为等人不避艰险、勇于变法的形象定格在中国近代历史上，给后来的改革者、革命者以重要、深远的影响。

延伸阅读

康有为与翁同龢的交往轶事

如果说张鼎华是康有为政治生命当中的第一个贵人,那么被康有为称为"中国维新第一导师"的翁同龢便是更为重要的第二人。很奇怪的是,他俩的交往也与康有为和张鼎华的交往甫始一样,是从不愉快、不相知开始的。

翁同龢(1830—1904)早年是愚昧守旧的,虽贵为帝师,满腹经纶,却对铁路、电灯、火轮感觉非常抵触。这一时期他对维新派态度冷淡,关系疏远。他在光绪十四年(1888)十月十三日(11月16日)日记中写道:"南海布衣康祖诒上书于我,意欲一见,拒之。"(陈义杰整理《翁同龢日记》第四册,中华书局1992年版,第2332页)十月二十七日(11月30日)又记云:"盛伯羲以康祖诒封事一件来,欲成均代递,然语太讦直,无益,只生衅耳,决计覆谢之。"(陈义杰整理《翁同龢日记》第四册,中华书局1992年版,第2335页)是年五月初二日翁氏日记谓:"看康长素《新学伪经考》……直说经家一野孤禅也,惊诧不已。"翁同龢与维新派在理论上的格格不入跃然纸上。

　　康有为与翁同龢交往的转机出现在光绪二十一年（1895）三月，甲午战争战败，《马关条约》签订，翁同龢的思想发生了急剧变化，萌生变法的念头，还积极引导光绪变法。《马关条约》签字前夕，康有为联合在京应试的1300多名举人发动"公车上书"，投书都察院，要求变法维新。光绪二十一年（1895）五月初六，康有为第三次上书光绪，条陈富国、养民、教士、练兵四大救国方策。翁同龢见后，非常钦佩康氏的变法才干，决定举荐康有为【翁同龢是否举荐过康有为，这是百日维新中的一件极为重要的事，历来颇有争议。康有为上书不达意欲南归，翁氏是否屈尊拜望挽留至今亦未定论。读者可参见马忠文《"翁同龢荐康"说质疑——从"康有为之才胜臣百倍"说起》（《史林》1999年第3期）、孔祥吉《翁同龢与百日维新关系探析》（《青海社会科学》1986年第6期）、余音《翁同龢屈尊拜访康有为？》（《文史春秋》2009年第3期）等】。"与君虽新见，然相知十年，实如故人。"（楼宇烈整理《康南海自编年谱》，第29页）从中可以得知，康、翁两人此年才得以正式见面。上书不达的康有为准备回粤，幸得翁氏劝留，才在中国近代史上掀起了一股巨大波澜。两人就变法问题作了长谈。康有为后来回忆说："常熟（翁同龢为江苏常熟人）锐意维新，而仆之说常熟以变法，亦颇西乡、大久保、木户之拥三条、岩仓、近卫而维新也。"他把自己比作明治维新志士，而把翁氏比作赞成维新的元老重臣，并送给翁同龢两本著作《俄彼得变政记》《日本变政考》。翁氏于次日即向光绪作了汇报，引起光绪对康氏的关注。以这次会晤为契机，维新派同帝党官僚往来频繁。在康有为的推荐和影响下，梁启超、谭嗣同、林旭、杨锐、汪康年，以及黄遵宪、容闳等先后拜访了翁同龢。翁同龢也向康、梁维新派推荐了帝党官僚李盛铎、徐致靖、文廷式、盛昱、沈曾植、沈曾桐、阔普通武、陈炽、丁立钧等，支持他们与维新派联系，共商变法大计。翁同龢实际上成了两者之间联系的桥梁（谢俊美：《峨峨常熟相 凿空辟乾坤——翁同龢在戊戌变法中》，《文史知识》1998年第6期）。

在翁同龢的支持下，光绪二十一年（1895）九月，康有为、文廷式、陈炽等发起成立京师强学会，创办《强学报》，发行《中外纪闻》，宣传维新变法的主张。翁氏批准户部拨银1500两作为该会的常年活动经费，强学会一时声势大振，因而遭到慈禧太后和后党官僚的反对。刚毅公开叫嚷："宁可亡国，决不变法。"光绪无奈下令查封强学会。又是翁同龢从中斡旋，将强学会改为京师官书局，调集译员选译外国史书报刊，继续宣传维新变法。光绪二十三年（1897）冬，胶州湾事件发生。远在广东的康有为火速赶到北京，发出《上清帝第五书》，进言维新，然而因工部尚书松溎拒绝代呈，未能上达。十一月十八日（12月11日），翁同龢得知后前往粤东会馆看望并挽留："毋行，吾今晨力荐君于上矣，谓'康有为之才过臣百倍，请举国以听。'上将大用君矣，不可行。"（康同家著：《康有为与戊戌变法》，香港寰球文化服务社1959年版，第64-65页）在翁同龢的鼓励下，御史高燮曾上奏弹劾松溎阻隔言路，请皇上破格召见才堪大用的康有为。军机召对时，翁同龢力主光绪"召有为入对"。光绪决定由总理衙门大臣传康有为问话。经过这次总理衙门大臣问话和翁同龢的奏报，光绪对康有为从此"倾心向用矣"，并谕令总理衙门：此后有凡康有为的章奏直接呈送，任何人不得阻拦扣压。从此，翁同龢在维新派同光绪之间往来奔走，传递信息，做了大量的工作，可谓"光绪皇帝与维新派之间的搭桥人"（孔祥吉：《翁同龢与百日维新关系探析》，《青海社会科学》1986年第6期）。

光绪二十四年（1898）四月十二日，奕䜣病逝，翁同龢劝光绪趁此时机立行变法，并代为草拟宣布维新变法的国是诏，四月二十三日（6月11日）正式颁布。国是诏的颁布标志酝酿多年的维新变法已从舆论宣传进入实施变法的实质性阶段。不过，翁同龢在草拟的诏书中提出："以圣贤义理之学植其根本，又须博采西学之切于时务者，实力讲求，以救空疏迂谬之弊。"（《光绪帝东华录》第四册，第4094页）在同一天的日记中，翁同龢写道："西法不可不讲，圣贤义理之学，尤不可忘。"（翁同龢《翁文恭公日记》，《戊戌变法》资料丛刊，神州国光出版社1953年版，第523页）可以说翁同龢的变法思想仍以"中体西用"为主旨，与康有为变法主张有明显区别。三天以后，光绪下令将翁同龢开缺回籍。关于翁同龢罢官的原因，亦颇具争议，其中以慈禧"强迫光绪下令罢黜翁同龢"的说法最具影响力。但亦有不少学者提出异议，认为翁同龢在变法即将达到高潮之际选择了退缩，甚至公然在光绪帝面前诋毁康有为，从而引起光绪的反感【参见孔祥吉著：《翁同龢与百日维新关系探析》（《青海社会科学》1986年第6期）、肖公权著：《翁同龢与戊戌维新》（台北联经出版公司1983年版）等】。光绪三十年（1904）六月，他带着未竟的改革宏愿，满怀孤愤地离开人世，终年75岁。

五、时不我与,艰难的逃亡岁月

1. 第一次流亡日本

光绪二十四年九月初十（1898年10月24日），船到日本神户，康有为由外务省书记生高桥橘太郎陪同前往东京，与先期到达的梁启超会合，住在麴町区平和町四丁目三番地三桥旅馆。在日本政治避难之初，进步党领袖大隈重信为内阁总理大臣，犬养毅任文部省大臣，对中国维新派异常优待，由日本政府供应康有为等人起居生活费用。十一月，执政的宪政党与进步党分裂，日本第一个政党内阁大隈内阁瓦解，康有为失去了日本政府的庇护，其生活费改由大隈重信的进步党供应。山县有朋组织新内阁后,对待康有为的态度非常冷淡。许多有远见的日本政治家和有学问的学者、教授,撇开日本政府的人情冷暖,不仅把他看作有胆有识的改革家,而且把他奉为伟大的学者和杰出的诗人。前内阁总理大臣大隈重信、前文部大臣犬养毅、前外务大臣品川弥二郎等经常与康有为聚会,饮酒咏诗,切磋学问,交流文化,热情地向康有为赠送著作和纪念品,如品川弥二郎赠其师吉田松阴的文稿和墨迹。吉田松阴是日本维新启蒙思想家和教育家,著有《吉田松阴全集》。国民协会领袖佐佐友房赠所写的《战袍日记》,学者庄原和之赠所著《新学伪经考辨》,早稻田大学汉学家桂湖村且以日本宝刀及《张非文集》赠给康有为。对他们的深情厚谊,康有为都一一赋诗,以表感谢。

　　光绪二十五年(1899)正月十九日,意大利驻华公使玛土诺向清政府提出租借浙江三门湾的无理要求,康有为闻讯忧愤异常,赋诗抒发胸中感慨,并警告清政府说,如果再不听从他的忠告,一意孤行守旧,中国就会被帝国主义侵略者瓜分灭亡。到那个悲惨的时候,他只有像白马素车的伍子胥那样,在怒涛声中乘着浙江潮,用自己悲愤的灵魂,来凭吊祖国的大好河山了。诗中运用伍子胥吴市吹箫乞食,以及死后乘钱塘潮来看吴国灭亡的历史典故,极为恰切地表达出他对维新失败的伤感和自己不忘祖国的衷情。同时，也暗示出自己流亡异国他乡的凄凉处境。

由于清政府多次向日本政府提出交涉，反对康有为居留日本从事政治活动，对梁启超的著作在中国的留日学生中可能产生影响表示抗议。日本近卫集团似乎也感觉到康有为名声太大，有碍与清朝的邦交，认为他不宜长期留在日本。所以筹集了外务省的秘密经费9000元，供康有为前往加拿大的温哥华，由日本外务省劝令康有为悄悄离境。康有为到日本的目的原是取得日本政府的支持，来解救他们的光绪皇帝。可是在康有为到达日本不久，答应帮助他的大隈重信内阁倒台，康有为的希望落空，他也想前往欧美去寻求帮助，所以写信促请容闳速来东京，以便同航英、美。

康有为离开日本前夕，和学生一一告别，鼓励他们不要因受到挫折而灰心丧气，要为实现美好的理想努力奋斗。同时，他又在住所设宴答谢热情帮助过他的日本朋友，含着依依惜别的心情，乘风破浪，横渡太平洋赴加拿大。

2. 保皇与革命的论战

说起孙中山和康有为的交往渊源，还要从多年前说起。在康有为光绪十七年（1891）于广州长兴里开办万木草堂时，孙中山25岁，对康早有所闻。当时的康有为在中国的知识界已很有些声名。光绪十九年（1893），行医广州的孙中山很想结识康有为，便托朋友向康有为表明结识的愿望。康有为以当代孔子自居，傲慢异常，他对孙中山提出一个结交的条件，就是具门生帖子，做他的学生。孙中山认为康有为徒自尊大，便断然拒绝。这以后，尽管康有为和孙中山都活跃在近代中国的政治舞台上，却一生没有会过面。

光绪二十一年（1895），孙中山在广州设立农学会，仍然不计前嫌，热情地邀请康有为和陈千秋等人加入。陈千秋很想参加，但康有为没有同意。这年春天，孙中山叫陈少白到上海召集同志，准备回广州发动起义，当时陈少白住在洋泾浜全安栈的19号房间，凑巧，康有为就住在21号，陈少白就登门拜访，这是第一次康有为和梁启超与资产阶级革命党人长谈。这年秋天，孙中山发动广州起义失败，而康有为却派出学生梁启超、麦孟华、欧榘甲等于光绪二十二年（1896）在上海主办《时务报》，徐勤、何树龄、康广仁等于光绪二十三年（1897）在澳门主办《知新报》，倡导改革，名扬天下。同时，杨衢云、谢缵泰等与康有为的代表康广仁、何易一在香港秘密商谈两派合作事宜，但由于种种原因，没有达成结果。

光绪二十三年（1897）冬，横滨侨商邝汝磐、冯镜如等在中华会馆发起组织学校，以教育华侨子弟，想要从祖国聘请教师，请孙中山大力支持。孙中山认为兴中会缺乏这方面的人才，就和陈少白商量，推荐梁启超任教，并代定校名为东西学校。邝汝磐派专人持陈少白介绍信赴上海见了康有为和梁启超。梁启超当时正主办《时务报》，于是，康有为就推荐徐勤、林奎、陈汝成、汤觉顿、陈和泽等学生任教师，并亲书"大同学校"四字门额相赠。徐勤到达日本后主持大同学校工作，与孙中山、陈少白交往频繁，共同讨论国家大事，许多方面达成共识。可是自从光绪二十四年（1898）夏，光绪皇帝接受维新派政治主张，宣布实行新政后，康有为成为全国上下皆知的维新派领袖，经常以光绪帝的老师自居，徐勤等也弹冠相庆，认定维新大业，竟然与孙中山、陈少白等人日渐疏远，而两派的门户之见从此一天比一天加剧。

康有为等流亡日本后，孙中山认

孙中山

为彼此都是"逋客",同为国尽瘁,应同病相怜,拟亲往慰问,促进友谊。但康有为以皇帝的老师、维新派的元勋自居,声称其身奉衣带诏,不便与革命党交往,因而拒绝会面。此事被犬养毅得知,亲自出面约孙、陈、康、梁到他寓所会谈。康有为托辞不去,派梁启超为代表,3人通宵商谈两党合作事宜。梁答应回去同康商量,再作答复。两天后,孙中山派陈少白和日本志士平山周拜访康有为。陈少白力言进行革命的必要,请康改弦易辙,共同进行革命,但康有为为报皇恩,不为所动。双方反复辩论3个小时,"康宗旨仍不稍变"。

在革命派方面,孙中山对两派合作一直采取积极主动的姿态,甚至对唐才常说:"倘康有为能皈依革命真理,废弃保皇成见,不独两党可以联合救国,我更可以使各同志奉为首领。"(冯自由著:《革命逸史》)然而康有为一意孤行,坚持己见。

光绪二十五年(1899)康有为离开日本,不久犬养毅为双方合作再次牵线搭桥,梁启超等人开始逐渐接受孙中山的革命主张。因康有为不在日本,两派合作进展顺利,"一时孙康合作之声浪,轰传于东京横滨之河"。两派甚至达成协议,公推孙中山为合并后的会长,梁启超为副会长。梁启超提出"将康先生置于何地",孙答:"弟子为会长,为之师者,其地位岂不更尊?"革命派则向梁提出,如果康有为不同意怎么办?于是就有了梁启超等"十三太保"的《上南海先生书》，劝康有为"息影林泉，自娱晚景"。对于两派合作"反对甚力"的徐勤、麦孟华等，分别致书康有为告变。康有为采用釜底抽薪的办法，令梁启超立即前往檀香山办理保皇会务，令欧榘甲赴美办报，两派合作又成泡影。

此时，一些日本志士见两派合作功败垂成，极为遗憾，宫崎寅藏自告奋勇，愿再做努力促成合作。光绪二十六年（1900）六月，宫崎寅藏前往新加坡寻找康有为。当时康有为时刻防范清政府派人行刺，恰好香港保皇会听说宫崎寅藏行前曾到广东见李鸿章，于是电告康有为，宫崎寅藏是刺客。康有为请新加坡当局保护，致使宫崎寅藏被捕入狱。孙中山亲自去新加坡营救方才获释。

"宫崎新加坡刺康案"，使康有为与孙中山的关系完全破裂，两派合作之事也彻底告吹。康有为在光绪二十六年七月十七日（1900年8月11日）《与同薇书》中写道："惟孙假我名，至为大碍，可虑。来此闹一大案，因我拒之，至失日人之心，事出于无可如何，然益明我与彼之不相合也……但攻我则不免耳。"如果说康有为避难日本时对革命的态度还有一点暧昧的话，现在则开始旗帜鲜明地反对革命了。

在革命思潮的影响下，保皇会内部倡言革命者渐多，康有为的弟子梁启超和欧榘甲鼓吹革命的言论尤为激烈。于是康有为在光绪二十八年（1902）发表《与同学诸子梁启超等论印度亡国由于各省自立书》，及《答南北美洲诸华商论中国之可行立宪不可行革命书》两封长信，随后合辑为《南海先生最近政见书》广为散发。针对不同对象，从不同角度，康有为在两封公开信中阐述了同一个主题，即宣传保皇，鼓吹君主立宪，反对革命排满，反对民主共和，起到了统一保皇会思想，稳定保皇会局势的作用。

但随之康有为又受到革命派的挑战。光绪二十九年（1903）五月，章太炎针对《南海先生最近政见书》发表《驳康有为论革命书》，对康有为的政见进行了全面的批驳。以此为开始，两派展开了长达四五年的论战。

光绪二十九年（1903）秋，孙中山到檀香山重整兴中会，改组报纸，并亲自撰写《敬告同乡书》和《驳保皇会书》，严格划分了革命与保皇的界限。"革命、保皇二事决分两途，如黑白之不能混淆，如东西之不能易位。革命者志在扑满而兴汉，保皇者志在扶满而臣清，事理相反。背道而驰，互相冲突，互相水火，非一日矣。"认为保皇会的爱国是爱大清国，不是爱中华，"保异种而奴中华，非爱国也，实害国也"。对此，保皇会在檀香山的《新中国报》起而反击，宣称革命将引起列强瓜分，中国民智还处于萌芽时代，须先经君主立宪的过渡，才能达到民主的最终目的。孙中山则辩驳说：瓜分的原因在于政府不振作，要避免瓜分须先推翻清政府。中国人具有自由之性质，可以不必过渡而直接实现民主。第二年，徐勤在香港创立《商报》，与革命派的《中国日报》旗鼓相对。此时的论战，还处于小规模，仅限于个别地区，是大论战的酝酿和前奏。

1905年8月20日，同盟会在日本东京成立，孙中山制定了"驱逐鞑虏，恢复中华，建立民国，平均地权"的政治纲领，提出了三民主义学说。同年11月，同盟会在东京创刊《民报》作为机关报。在创刊号上，刊有孙中山的发刊词、汪精卫的《民族的国民》、朱执信的《论满洲虽欲立宪而不能》、陈天华的《论中国宜改创民主政体》等文，宣扬三民主义，宣称"革命者，以去满人为第一目的，以去暴政为第二目的"，只有革命才能实行立宪，要救国只有实行民主政体，并点名批评、攻击康、梁。《新民丛报》不甘示弱，立即进行反击，反复辩论达两年之久，直到1907年冬《新民丛报》停刊才有所缓和。

革命党人与保皇党人的激烈论战自1903年始，到1905年同盟会成立后全面展开，双方都投入了巨大的人力、物力。空间范围从日本到香港、广州、新加坡、檀香山、旧金山，几乎遍及大半个世界。

这次论战以革命派的胜利告终。它说明了革命取代维新已成为时代的主旋律，是不可抗拒的潮流，宣告康有为的时代已让位于孙中山的时代。同时，论战也普及了革命思想，为辛亥革命作了舆论准备。

3. 陷泥潭而不能自拔的保皇会

光绪二十五年（1899）三月康有为等人乘"和泉丸"号抵达温哥华，在维多利亚、温哥华受到华侨热烈欢迎。十一日，康有为在乌威士晚士打发表忠君爱国的演说，号召海外华侨联合起来救光绪皇帝，拯救处于危亡中的祖国（冯自由：《革命逸史》初集《戊戌后孙康二派之关系》）。不久，康有为渡大西洋，于四月二十二日抵达英国伦敦，企图通过前海军大臣柏丽斯子爵的关系，说服英国政府帮助推倒那拉氏政权，扶助光绪帝重新执政，结果未能实现，只能重回加拿大维多利亚、温哥华。于六月十三日，康有为联合华侨李福基、冯秀石及其子冯俊卿、徐为经、骆月湖、刘康恒等商量成立保商会。华侨中90%左右都从事商业。所以保商也就是保护华侨的利益，是为了团结华侨保卫祖国，这时有人建议说保住皇帝就可以保卫祖国，于是取名保皇会。戊戌宫廷政变后，慈禧太后与守旧派正图谋废光绪帝，所以取名保皇会，目的在于揭露慈禧的阴谋。

保皇会的全称是"保救大清光绪皇帝会"，或"保救大清皇帝公司"，或"中国维新会"。保皇会成立后第一项工作就是在海外为光绪帝祝寿。光绪二十五年六月二十八日（1899年8月4日）是光绪帝30岁寿辰，康有为率领当地华侨到维多利亚中华会馆庆祝，遥祝光绪帝健康长寿，早日重新执政以保卫祖国。

其后，保皇会不断发展壮大。康有为先是

保皇会徽章

派遣徐勤等学生前往南北美洲、澳洲等200多个城市组织华侨活动，保皇会组织遍布加拿大，后又发展到美国、墨西哥、中美洲、南美洲等地。保皇会总局设于香港、澳门，共建立总会11个，支会103个，会员多达100万人。康有为任正总会长，梁启超、徐勤任副总会长。保皇会是近代中国在海外华侨中起过重要影响的群众爱国团体。保皇会在国内外的重要报刊有：澳门《知新报》、广州《岭海报》、香港《商报》、檀香山《新中国报》、旧金山《文兴报》和《世界报》、横滨《新民丛报》、新加坡《南洋总汇报》和《天南报》、温哥华《日新报》等，保皇会的活动风行海外，声势浩荡。在康有为、梁启超等人的宣传鼓动下，一股保救光绪帝脱离禁锢上台执政,借以排阻顽固势力的思潮迅速发展起来。在当时的历史条件下,广大的爱国华侨也总是把皇帝看作国家的象征,因而对主张变法的光绪皇帝充满了幻想。康有为流亡海外后,又声称他受有光绪帝命他救驾的密诏,就具有更大的鼓动性。在保皇会初创时期,康有为还应美洲华侨的请求,写了《保皇歌五章》《爱国歌》和《爱国短歌行》等作品,到处传播,教华侨歌唱。在《保皇歌五章》这首歌词中,康有为怀着封建士大夫对皇帝特达之恩的无限感激之情,反反复复,絮絮叨叨,歌颂光绪帝舍身变法的美德,为变法而失去皇位,怎不令人涕泪神伤。他号召忠爱壮士愤起救光绪帝复位,否则中国必亡,抒发的是一派思君之情。

　　《爱国歌》和《爱国短歌行》是康有为一生中别具一格的作品。康有为以其纵横驰骋的丰富想象力,以其中外古今的广博知识,热情洋溢地描绘出祖国的伟大和可爱,扣动着多少海外华夏子孙的爱国心灵。

　　爱国主义是一个历史的概念,各个时代、各个阶级都有其不同的含义和具体内容。虽然,康有为这种忠君爱国主义在团结教育海外500万华侨中起过一定的作用,但是,它是一种旧的、偏狭的爱国主义,具有很大的局限性,他把爱国主义死死地局限在保住一个光绪皇帝上面,就必然陷入封建主义的泥潭而不能自拔。

4. 国势艰危，保皇派日薄西山

光绪二十六年（1900）八国联军攻陷北京，迫使清政府签订把中国最终推向半殖民地半封建社会深渊的《辛丑条约》，而清政府在诏书中厚颜无耻地宣称："量中华之物力，结与国之欢心"，完全堕落为帝国主义的走狗。中国人民看清了清政府为洋人的朝廷的真面目，对它再也不抱任何幻想了。国内形势的巨大变化促使资产阶级和小资产阶级知识分子，以及海外的爱国华侨，重新考虑救国救民的方案，用武力推翻清政府的革命主张为越来越多的人所接受。与孙中山交往较多的梁启超等人，深受革命思想的影响，于光绪二十五年（1899）夏秋间，由梁启超起草了《上南海先生书》，13名康有为的学生在上面签字，大力倡导民族革命，攻击清政府，赞同武装革命。接着，康有为又收到南北美洲华侨中的保皇会员的信件，申述他们对清政府迫害华侨保皇会员的不满，指出保皇会成立以来，忠心耿耿保皇，可是清政府却视保皇会为"逆党""匪会"，逮捕、监禁和杀害会员家属，要求武装推翻清政府。康有为先后以公开信的形式发表了《与同学诸子梁启超等论印度亡国由于各省自立书》和《答南北美洲诸华商论中国只可行立宪不可行革命书》。他强调君主立宪可以使中国强盛,革命排满则必然招致亡国灭种。在后一封信中,他系统论述了他的主张。首先,他认为在评论清政府时,要把慈禧太后、荣禄和光绪帝严格地区分开来。前者卖国,后者圣明,舍身救民,被囚瀛台,我们不设法救助,而要革他的命,这样做是以怨报德,以仇报恩。其次,康有为修改大同"三世"说的内容,从理论上为君主立宪理论辩护。他严守据乱,把君主专制、立宪、民主作为三个阶段,从君主专制到君主立宪,再到民主共和,必须一一循序前进,不能超越一步,否则必然导致天下大乱。再次,他罗列了光绪帝复辟执政的种种可能性。康有为认为光绪帝复位后,会赠给国民民主自由,不必冒革命失败的风险。最后,他阐述了中国不可进行革命的四大理由。指出中国国情特殊,革命势必杀害许多人,革命必然招致外国干涉,光绪皇帝有变法的决心和能力,变法可以使中国富强。在康有为看来,满汉早已平等,皇上复辟既能保国,又能保民,既有利于满洲贵族,又有利于中国人民,因此中国只能实行君主立宪制度,革命有害而且必败。

　　康有为的这两封公开信在国内外影响很大,造成了海内外关心祖国命运的人们极大的思想混乱,一时成为阻碍资产阶级革命发展的思想障碍。不辨明革命与保皇的是非，中国就会失去进步的方向；不批驳康有为的种种谬论，人们就不能从保皇的思想束缚中解脱出来；不打破人们迷信清朝皇帝的传统观念，就不可能把少数人的革命认识转化成多数人的革命行动。因此，批驳康有为歪曲革命的谬论，便成为那时革命民主派的迫切任务。

住在上海爱国学社的资产阶级民主派人士章太炎写出《驳康有为论革命书》，也采用公开信的形式，针对康有为答复南北美洲诸华商的公开信，逐点予以反驳。这篇震动思想界的文章笔锋犀利，观点鲜明，旁征博引，论说有力，简直把康有为驳得体无完肤。

（1）列举清朝统治者压迫汉族的种种罪恶，批驳了满汉平等说。

章太炎一开篇就单刀直入地抓住康有为关于满汉已经平等的论断，展开猛烈的批驳。他怀着对清朝封建专制的满腔怒火，

章太炎

以鲜明的民族立场,历数清朝入关以来,铁蹄踏遍中原,屠杀人民无数,横征暴敛,又屡兴文字狱,发动戊戌政变,捕杀革命志士,迫害汉人的累累罪行,罄竹难书。康有为本人也被清政府悬赏通缉,逃亡海外,有家难归。在清朝政府里,高官勋爵由满人世袭,军机处等重要官位,也须由皇亲国戚担任。就是镇压了太平天国,为挽救清朝天下立下汗马功劳的曾国藩,也不过被封为一般的侯爵,还得事事谄媚皇帝和监官,才能保住性命。即使有些汉族官僚官位稍高,也不过是拍皇帝马屁、驯良的奴才。而满洲贵族明明是主人,怎么能昧着良心说满汉早已平等了呢?如果说满汉二族的统治者有相通之处,那就是尊崇孔子。以儒家学说统治人民,而强迫汉人留长发,梳长辫,穿满族服装达260年之久,怎么可以说满汉平等,满族人融合为汉族人呢?

(2)驳斥了光绪"圣仁英武"的观点。

章太炎抓住康有为的立宪必须以皇帝圣明为前提的要害,指出光绪帝并不像康有为描绘的那样"圣仁英武",用他那雷霆之笔抹掉了光绪帝头上的神圣光圈。他指出光绪帝支持变法,是因为他害怕慈禧太后废掉自己,所以铤而走险。百日维新,轰轰烈烈,光绪帝的所作所为看似是为了国家强盛,其实他的内心只是为了保住皇位。被康有为吹捧得视帝位如旧鞋的光绪,不过是一个住在深宫,被女人所束缚的分不清五谷的懦弱皇帝，如果说他真是圣仁英武，为什么还会被慈禧太后、荣禄之流废除新政，幽囚于瀛台呢？如果说他在被囚于瀛台时，无法对付慈禧太后，那么在八国联军进攻北京，跟随慈禧逃往西安的路上，已离开了瀛台，为什么还一筹莫展，无法摆脱慈禧的控制呢？试问一个皇帝连自己本身都保护不了，又怎能够心忧天下呢？岂不是缘木求鱼吗？章太炎进而推论说，由于满汉矛盾的不可调和，即使像光绪帝这样的人，有朝一日慈禧太后死去，他自己重新执政，未必不会毁弃新政，拿破仑三世以宴会的名义，将数百名议员和社会名流1000多人囚禁起来的暴政，将会在中国重演。

（3）阐述立宪制度通行法则，揭露清朝所谓"立宪"的实质。

在革命风潮的打击下，在立宪呼声的包围中，清政府内外交困，走投无路，于光绪三十二年（1906）七月十三日宣布"预备立宪"。章太炎介绍世界立宪制的通例说，所谓立宪制分上下两院，下院议定的决议，上院可以否决。从中国来说，虽然下院能有汉人参加作为陪衬，而上院的议员都是皇族、亲王、贵族、高僧，仍然是满洲贵族占有特权，根本解决不了民权问题，更谈不上满汉平等。何况，满洲的发祥地仍被沙俄侵略军占领着，不要说光绪皇帝早已丧失了参与立宪的资格，就是作为一个满洲君主也不应被人承认。而且以一人的诏书宣布立宪,这并不是世界通行的所谓立宪,而是皇帝独裁专制的封建一统天下的翻版。

(4)认为立宪也免不了流血牺牲,驳斥了只有革命才流血的论点。

章太炎指出,革命是免不了流血的,立宪也免不了流血牺牲。同治七年(1868)日本明治天皇宣布维新诏书,相继发布《五条誓文》《政体书》等,作为实行君主立宪制度的基本纲领,但封建幕府并不愿意就范,资产阶级革新派用"尊王攘夷"的口号,发动反幕府的国内战争,历时1年5个月,倒幕派方面战死者3500多人,幕府方面战死者4700多人,日本明治维新不是不流血的立宪,而是用维新战士的血战换来的。他由此批驳了所谓立宪可以避免流血,可以通过上书来实现的天真幻想。

(5)指出拨乱反正靠人不靠天,揭穿了所谓光绪帝享有"天命"的骗局。

章太炎指出,无数事实证明光绪帝是个优柔寡断的扶不起的阿斗,而康有为却说他虽被囚禁却没有失去皇位,逃亡西安而不被杀害,是享有天命。所谓"天命",纯属无稽之谈,事实上统治者编造天命说,都是为其统治利益服务的。章太炎以己之矛攻己之盾,《中庸》以"天命之谓性"一句话开头,以"上天之载,无声无臭"一句话结尾。如果以"天命"二字开始,以带有"载"字的一句结束,按照图录有征,符命可信的神话,那么清初努尔哈赤以"天命"的年号开始,光绪皇帝名叫载湉,正应着清朝到光绪皇帝这一代寿终正寝的符命。章太炎深刻地指出不论革命还是立宪,不仅要求有杰出的领袖,还必须有群众参加,二者不可缺一。现在,对于革命来说,民众的力量是起来了,所不敢证明的是能否有杰出人物。而对于立宪来说,则既没有杰出的领袖,又无万众的力量。可见,革命所面临的只有一项困难,而立宪则面临两项困难,两者相比,立宪比革命更加困难。而革命杰出的领袖也是在革命过程中成长起来的,就是名扬四海的华盛顿、拿破仑,在他们参加革命以前,天下人有谁知道他们呢?中国一旦爆发革命,也会涌现出自己的杰出领袖。

(6)歌颂革命是救国的道路,驳斥了中国特殊不可革命论。

章太炎指出康有为强调国情特殊,革命必然造成混乱的说法是不成立的。他认为人的智慧是由竞争而产生,只有革命才能使百姓的智慧施展开来。他以历史为证:李自成起义初期,是由于饥寒交迫,所以没有什么革命观念。但随着力量的壮大,革命观念也就应运而生了,于是"剿兵、救民、赈饥、济困"的事业就轰轰烈烈地干起来了。义和团起义初期,提出扶清灭洋的口号,在斗争中吃一堑长一智,进一步认识了清政府和外国侵略者狼狈为奸的真面目,后期提出"扫清灭洋"的口号。唐才常起义前,对英国人深信不疑,以致泄露机密,后来被英国人出卖导致起义夭折。进行革命也有一个学习和进化的过程,不论在革命口号上,还是在斗争策略上,通过实践和斗争,总是后来居上,今胜于昔。他满怀信心地预言,今后的革命,一定会比现在的革命更完善。李自成时代,"赈饥济困"是时代的要求,试看今天的现实,"合众共和"已成为时代的潮流。革命是历史的选择,中国只有革命才能富强。

(7)指出外国干涉并不可怕,驳斥了革命必然招致外国干涉的恫吓。

章太炎认为,康有为以革命会招致外来干涉吓唬革命者是很不道德的。他指出,在今天世界上,要进行革命,必然要与外国发生交涉,也一定会发生外国干涉的情况。这是革命党人所共有的常识。他还进一步分析说,那些外国侵略者,也都是见风使舵的,他们见你革命尚未成功,无不千方百计地掠夺你的领土主权,等到革命稍有成功,他们就无不承认你是友好国家。要求康有为不要做削减汉族人民革命勇气的事。

同盟会主张反清革命,保皇会主张保皇立宪,两种政治主张发生激烈的冲突,引发了长达数年的政治思想论战。经过论战,经过比较和鉴别,保皇会员纷纷脱离保皇会,投入革命队伍的行列,保皇派势力一落千丈,而革命派的力量蒸蒸日上,身为保皇会会长的康有为由于受封建主义思想影响最深,始终摆脱不掉封建主义的羁绊,最终被广大爱国华侨所摒弃。经过论战,进一步促进了中华民族的觉醒,革命派和保皇派都对此做出了不同程度的贡献。

5. 周游列国,头脑还在金銮殿

在海外华侨的资助下,康有为先后游历世界各国,考察各国政治、经济、人情风俗。

康有为日后曾请吴昌硕刻过一枚印章,印文曰:"维新百日,出亡十六年,三周大地,游遍四洲。经三十一国,行六十万里。"印文颇为简要地概括了他晚年的游历生涯。康有为是位政治家,

吴昌硕为康有为雕刻的小篆印章

同时也是位旅行家,他是近代中国人中所到达国家最多之人,也得到了各地华侨最多的资助。据记载,保皇会曾在海外募得基金100万美元,其中就有10万美元资助给康有为做游历、考察费用。这在当时是一笔相当巨大的钱款。光绪二十七年(1901)设立的诺贝尔奖金额也不过3万—7万美元(《欧洲十一国游记》)。

康有为大约是不会乐意别人仅仅把他看成一位旅行家的,他在《生民》一诗中说:

尧舜君民愿,艰难险阻身。
明良思会合,肝胆尚轮囷。
欲铸新中国,遥思迈大秦。
吾能不拯溺?四万万生民。

此时,康有为主张君主立宪,以为"中国只可行立宪,不可行革命",他的论点受到革命派的挑战,于是,他游历各国,是准备考察其政治历史和现实,来论证"立宪有利进化,革命带来破坏"的观点,通过君主立宪,从而铸造出一个能超过"大秦"的欧洲式的"新中国"。

用康有为自己的话说,他游历各国,"是天纵之远游者,乃天责之大任"。天将降大任于斯人,所以对他尤其关怀备至。他不无得意、自负地说:

> 自四十年前，既揽掬华夏数千年之所有，七年以来，汗漫四海……环周而复至美。嗟乎！康有为虽爱博好奇，探赜研精，而何能穷极大地之奇珍绝胜，置之眼底足下，揽之怀抱若此哉。缩地之神具，文明之新制，不自我先，不自我后，特制竭作以效劳贡媚于我，我幸不贵不贱，无所不入，无所不睹，俾我之耳目闻见，有以远轶于古之圣哲人，天之厚我乎，何甚至也（康有为：《欧洲三十一国游记序》，《康有为全集》第七集，第344页）？

这表达的是上天如此厚待康有为，是让他游历世界，"遍尝百草"寻找到医治中国沉疴的"神方大药"，而中国国民只需按康有为"馈于我四万万同胞"的药方，"汁而同味"，就可以"起死回生，补精益气，以延年增寿"。如此，他游历世界各国，岂是游览观光？

光绪二十九年（1903）四月，他完成了《大同书》，又辞却了那些如大鹅的英国人的保护，离开了印度。最初，他往来于香港、越南、印度尼西亚等地之间。

光绪三十年（1904）五月，他自槟榔屿启行，至印度洋。六月初，自锡兰（今斯里兰卡）乘英轮往欧洲。他先到达意大利。在意大利虽只逗留两个星期，但却把那不勒斯附近的庞贝古城、维苏威火山、罗马竞技场、圣彼得大教堂等各种名胜古迹和佛罗伦萨、威尼斯、米兰等著名城市都游览一遍。

结束意大利的旅行,他又用了半年的时间,游历了瑞士、奥地利、匈牙利、德国、法国、丹麦、挪威、瑞典、比利时、荷兰和英国等地。

在法国巴黎的一些博物院,他见到中国内府国器珍宝陈列满数架,而且其中清帝的玉玺甚多。国宝被劫,流落海外,这使他痛心疾首。当他看到一方刻有"懋勤殿"三个字的碧玉玺时,更是无限伤感,吟诗道:

忆昨维新变法时,延英选士赞黄扉。
明堂大启咨群议,草泽旁求助万机。
岂料群龙成血战,当年二凤话齐飞。
凄凉回首懋勤殿,玉玺迁流国事非。

这年十一月,康有为自英国利物浦渡洋至加拿大,重居于温哥华岛,并作《欧洲十一国游记序》。光绪三十一年(1905),春节过完,他就来到美国,在美国用了差不多10个月时间做横贯全美的旅行。紧接着,他来到了墨西哥。

他在墨西哥住了一年半,从南到北,游遍整个墨西哥,参观了各地的许多厂矿、博物馆、大学、名胜古迹。康有为很早就认为,中国人口众多是贫弱的原因之一。因此,要富民强种,非移殖不可。墨西哥气候与中国相似,移民最适宜。所以,康有为对墨西哥的政治、经济、风土人情的考察特别仔细。

康有为给墨西哥总统迪亚斯写了一封信并送了"一箱古瓷器"。墨西哥总统给他回了一封颇为热情的信。不几天,这位总统先生亲自接见了康有为。两人的谈话十分融洽,康有为称墨西哥迪亚斯总统是"世界大英雄",迪亚斯总统称康有为是"中国维新者"——那是很久以前的事了。

光绪三十二年（1906）的秋天以后,他再次游历欧洲,还是从意大利开始,在米兰参观博览大会。旋赴德国,参观著名的克虏伯炮厂。重游瑞典,买山以隐,题名避岛卜居,号曰北海庐。紧接着是丹麦、挪威、比利时、荷兰、德国、法国、英国、西班牙、摩洛哥。光绪三十三年（1907）三月,他自利物浦乘轮船赴纽约。

光绪三十四年（1908）三月,他的游历考察再次开始。第一站是埃及开罗,登金字塔顶并题诗。四月游德国,返瑞典。六月由瑞典赴北冰洋之那岌岛观日出,随即经德国柏林、奥地利,赴匈牙利、塞尔维亚、保加利亚、罗马尼亚、土耳其游览,八月间自君士坦丁堡乘船游雅典,再越瑞士山,取道地中海,游印度洋,过锡兰,十月抵槟榔屿。

宣统元年（1909）二月,他的游历考察再度开始。渡红海、游埃及、耶路撒冷、死海、瑞士、英国、德国；五月间,自利物浦往美洲,居加拿大维多利亚之文岛。

七月重返槟榔屿，九月游印度，至冬，归槟榔屿。

宣统二年（1910）到1913年12月康有为回国前，他主要来往于槟榔屿、新加坡、日本等地，其中居日本须磨时间较长。

日本神户有一位著名的华侨麦少彭，他在须磨海边有一兼僻海涛和松涛的别墅，取名双涛园，时梁启超就寓居于此。宣统三年（1911）五月，康有为自香港抵达神户，与七八年没见面的梁启超再次相逢。相见如梦寐，康有为深有感慨，梁启超赋百韵大诗奉迎老师，老师欣然作答。诗曰：

> 大浸稽天痛溺沦，惟吾与汝拯生民。
> 身经百亿万千劫，我是东西南北人。
> 黯黯春明有余梦，滔滔海立尽成尘。
> 团沙易感伤身世，十四年来几转轮。

在麦少彭的盛情之下，康有为最初就住在双涛园里。不久，他筑成了一幢临海小楼作为寓所，命名曰"天风海涛楼"。康有为描绘新居室曰：

> 海外逋亡十四年，又来须磨结三椽。
> 纸窗板屋生虚白，夕霭朝晖览万千。
> 松罅旧亭立前后，丘中曲径得回旋。

小楼坐大吾知足。吞吐东溟占碧天。

1912年春天，康有为在月见山下须磨寺侧公园前，觅得一处住宅，于是就搬了过去。不久，又觅得须磨湖前宅。这里地处僻静，豁为大园，颇具林池山石涧泉花木之胜。康有为觉得此园可以仰山海，饱沃烟霞，览物感怀，足以遗世忘忧，故命名此园为"长懒园"。梁启超不喜"长懒"，请更名，遂改称"奋豫园"。流亡之初，梁启超浸染革命，曾以42岁"吾师春秋已高"，请康有为"息影林泉，自娱晚景"。此时康有为55岁，他自己倒是想长懒一番，梁启超却要请乃师"奋豫"不止。康有为在奋豫园写诗明志道：

地僻宜幽牺，云卧占一壑。
懒残芋可热，嵇康锻亦乐。
长馋锄黄独，所勤草木学。
身世长此忘，松风睡未觉。

在奋豫园里，他一直住到1913年底回国以前。在日本期间，中国的形势发生了巨大的变化，康有为十分关注，并不时地写些文字发表自己的政见。在这里，除了一些当地的社会活动、应酬来往以外，他大部分时间差不多主要是游览。他重游箱根,观神户的雌雄瀑、在诹访山洗温泉浴,登月光山,访汤河原,还携家人游览广岛、宫岛,观光富士山、银阁寺等名胜。

林克光先生在其《革新派巨人康有为》一书中统计,康有为流亡海外的16年里,曾经四渡太平洋,九渡大西洋,八次经过印度洋,一次泛舟北冰洋。先后去过42个国家和地区:亚洲有日本、新加坡、印度、越南、缅甸、印尼等15个国家和地区;欧洲有英国、法国、意大利、德国、瑞士、比利时、丹麦等21个国家和地区;非洲有埃及、摩洛哥2国;北美洲有美国、加拿大、墨西哥3国;南美洲有巴西1国。许多国家他都是多次前往或经过。除日本外,康有为还四游加拿大、瑞士、瑞典、锡兰等国,六往槟榔屿,七游法国,八入英国,11次出入德国,十几次经过比利时。

若以到过地方的数量来算,那么康有为在当时是无人能出其右,他的记录是相当突出的。但若以康有为自诩的"考政治乃吾专业"的角度来看,他行60万里路,游历各国,考察各国政治的收获却并不很大。欧洲之旅前,康有为的论点就是"立宪有利进化,革命带来破坏"。1911年辛亥革命武昌起义爆发,此时康有为的游历基本结束,他结合考察的结果,对这一革命颇为自信地下断语曰:"以法国鉴之,革党必无成;以印度鉴之,中国必亡。"他又加紧写出《救亡论》10篇,声称"言革命者",是"误服旧方",最后必然是"毒毙其身"也。他忧心如焚地说:"今药已误服,毒已大发,幸毒未深而毒可解。考之全欧各国革命之案,稽之大地万国民族之争,百年来事未有不归于定宪法立国会者也,否则败亡矣"。他认定"共和政体不能行于中国","中国今日之时,万无立民主之理也"(梁启超著:《康有为传》)。

未几,清廷宣布了《宪法信条十九条》,康有为又写了《共和政体论》与之相呼应,再次论证了虚君共和适用于中国的观点。

康有为"三周大地","行六十万里",可是他于思想上却并未行得太远。

6. 宪政会——保皇之路的尽头

形势变化,保皇会遇到会内外种种压力,康有为于是改保皇会为国民宪政会。

要让海外的华侨加入保皇会是比较容易的,说光绪帝是个圣明的君主,现在被慈禧太后幽禁起来,要不要让他复位?当然要。于是掏钱加入保皇会。中国自古有皇帝,又赶上是个好皇帝,自然要保,保得有功,还可以请功授官。

可是,要让康有为的这班弟子们死心塌地保皇可就不容易了。亡命之初,梁启超、欧榘甲等"康门十三太保"

就给康有为写了劝退信,拟准备与革命派合作。康有为以师长之尊,终于将弟子们拉回到保皇道上。

然而不久,国势危急,要求革命的呼声越来越高,康门弟子受到革命派的召唤,越来越对光绪皇帝复政感到失望,逐渐转向反清革命。甚至连反对革命的徐勤等人也赞成革命。徐勤给康有为的信中说:"今日稍聪明者,无一人不言革命,即现在同门同志,同办事之人,亦无一人不如是。即使强制之,口虽不言,而心终不以为然也。"

梁启超再次向往革命,在其主办的《新民丛报》上大谈民主自由,提倡大变革、大破坏。他说:"改革之业,如转巨石于危崖,非达其目的地则不止";"破坏终不能避免,愈迟则愈惨"。梁启超在与康有为的书信中,也抑制不住地要批驳保皇思想:"唤起民族精神者,势不得不攻满洲……满廷之无可望久矣,今日日望归,望复辟,夫何可得?即得矣,满朝皆仇敌,百事腐败已久,虽召吾党归而用之,亦绝不能行其志也。"

欧榘甲在旧金山创办的《文兴报》,言论更是激烈,大呼"树独立之旗,击自由之钟"。韩文举在给康有为的信中为弟子们反清革命的主张进行辩解,认为此时主张革命正是弟子们学习了先生的一贯精神,在新的形势下发扬光大的结果。他说:弟子们"受先生救国救民之教,浸之已久,久而迫于今日时势,实不得不然也"(梁启超:《饮冰室合集·文集》)。

康有为闻知这些门生纷纷要改弦易辙,同时又接到华侨的来信,十分愠怒。他立刻写了《答南北美洲诸华商论中国只可行立宪不可行革命书》《与同学诸子梁启超等论印度亡国由于各省自立书》,再述他的保皇思想,以稳定保皇会的队伍,他又给弟子们写信,称弟子"决言革命"是想把他逼死而已。他说:"我改变自己的主张则我背叛皇上,我为背义之人。皇上若生,我誓不言他。你们改变主张则为背叛我,你们为背义之人。如果你们一定要谈革命,那么我明知手足断绝,亦无如何,惟有与你们决绝,分告天下而已。"

最后,康有为因欧榘甲言论过激,就宣布与欧断绝师生关系,并把他逐出保皇会,后因众人调解,康有为收回了成命。但在康有为的重大压力之下,梁启超最终放弃了革命的主张,返回了老师的旗下。

内部分裂的倾向刚刚缓和,外部却遭到了革命党人的猛烈抨击。章太炎首先向保皇党发难,于是双方展开激烈的论战。论战自光绪二十九年(1903)始,差不多到光绪三十三年(1907)才稍有平息。

康有为倒也比较重视发展实业。保皇会成立之后,为了使他的保皇事业有一个强大的经济支持,光绪二十九年(1903),康有为发起成立中国商务公司,自任商务公司督办。该公司先后在国内外创办了10余家企业。但是，康有为忙于在世界各地游历，况且他于实业并无经验，又加上用人、制度管理等原因，这些企业大多亏损严重。

由于内外各种因素，保皇会遇到重重困难。如何使保皇会再振旗鼓是康有为的一大难题。

光绪三十二年（1906）七月，清廷迫于各种压力，为了缓解矛盾，宣布实行预备立宪。康有为闻讯，大喜过望，欢腾喜蹈，以为"民权既得，众兆一心，君民同治，中国从兹不亡矣"。北京传来的消息也都说慈禧太后"甚悔戊戌之举，近与皇上相得甚欢，凡行政一切皆听上议行，故近者令若流水，焕然维新。虽未归政，而皇上日渐有权，圣躬必可无恙"。在康有为看来，形势已经发生了很大变化。于是，他想利用这个契机，对保皇会做一番调整。"从今切近之急务，莫如讲宪政矣"，通过对保皇会宗旨的调整从而使组织能够形成新的凝聚力，重振旗鼓。

光绪三十二年（1906）八月，康有为以保皇会总会长的名义发表了《布告百七十余埠会众丁未新年元举行大庆典告葳，保皇会改为国民宪政会文》，宣布保皇会已经大功告成，成功地完成了保皇的使命，"今上无危，无待于保，会务告葳，适当明诏，举行宪政，国民宜预备讲求，故今改保皇会为国民宪政会，亦称国民宪政党"。后来，根据梁启超的建议，将国民宪政会改为帝国宪政会,对外称中华帝国宪政会。

光绪三十三年(1907)三月,康有为在纽约召开了帝国宪政会的第一次代表大会,到会的是来自28个国家和地区的30余名代表。康有为作了长篇的报告,会议通过了《帝国宪政会的章程》。康有为很想利用清廷预备立宪的机会,调整自己组织的宗旨,改变自己对慈禧太后的敌对态度,以此争取慈禧太后把持的清廷对帝国宪政会的认可,实现帝国宪政会的合法化。这位清廷的"钦犯"一直都是利用各种机会对皇上表示忠心,但在皇上的背后,康有为寄托的是对整个封建王朝的眷恋,他站在皇上一边而反对慈禧太后,实是不得已,所以形势一有松动,他就对整个清廷表白忠心,他想从一名"钦犯"变成一名王朝卫士,或者更确切地说是王朝的思想灵魂。

当然,这种表白是他的策略,还是他内心世界的实景,还是两者兼有,就不得而知了。眼见末途,而纯然如一,誓死走到底,也令人肃然起敬。让人鄙视的是,内心之中没有一样诚心执着的东西,处处随风转舵。

后来,康有为在谈到他的虚君共和之说时,说道:"虚君者无可为比,只能比于冷庙之土偶而已。名之曰皇帝,不过尊土木偶为神而已,为神而不为人,故与人世无预,故不负责任不为恶也。"(《康南海自编年谱》)

王朝的皇帝此时就只成了一个土偶，这无论如何也不能让王朝感到满意。

幸好康有为早早地把保皇会改了名，否则皇上的驾崩会使保皇者多少陷入某种尴尬。光绪三十四年十月二十二日（1908年11月14日），光绪帝，这位可怜的皇上，时年38岁，不幸逝世。有的说皇上是病死的，有的说是慈禧太后临死前把他毒死的，有的说是袁世凯怕光绪复政会报复他，故而毒死他。莫衷一是，反正皇帝在抑郁的生活中度过了短暂的一生。康有为闻讯，"泣血呼踊，号于昊天"，即电令各分会举哀致祭。

第二年除夕之时，康有为想起他那位皇上，依旧深情感怀，写了《戊申除夕祭先帝后望海独立思旧感怀》，其一曰：

鼎湖龙去只号天，南海波臣泣坠渊。
大业未成殂中道，驰驱莫效感流年。
孤忠永议桥山剑，末命哀传玉几篇。
惨淡明良何代事，萧条宇宙一泫然。

其二曰：

十载周游大九州，戊申戊戌一春秋。
孤臣死罪惭衣带，国步艰难累冕旒。

斧衣尚思天北极，玉棺竟降殿东头。

岁阑绝海看涛雪，追念维新涕泗流。

康有为涕泗滂沱不光是为了皇上，其中也掺杂着几分对自己政治前途的无限悲哀。尽管海外流亡，他尝尽了各种滋味，但是他心里总有光绪帝复政的希望。皇帝年富力强，而慈禧太后年近古稀。一旦老太太归去，光绪帝就可以重新执政，到那时自己将以保皇的功臣进入中国政治权力的核心。

而此刻，他还处在外围，而且是很远很远的外围。

皇帝死的第二天，慈禧太后，这位精通宫廷斗争，善于玩弄权术的铁腕女人也死了。康有为认定是袁世凯主谋毒死了皇帝，于是发起讨袁运动，他先后发布《光绪皇帝上宾请讨贼袁启》和《讨袁檄文》。袁世凯此时权倾朝野，对新登台的摄政王载沣颇为不利，所以在一片讨袁声中，摄政王将袁世凯开除回原籍。

六、英雄落寞，老有所为的晚年生活

1. 孔教教主的最后努力

西方流亡之旅加深了康有为对近代工业文明的仰慕。他认为中国强大的唯一途径在于吸收西方的科学技术，并保存自己的精神文化。因此，晚年的康有为对于中国的现实道路，不再倡行制度或思想的改革，而仅仅倡导积极的工业化。

民国初年中国在政治、社会、思想上所呈现的混乱情况使得康有为极为震惊，他认为剧烈而不成熟的变革总是破坏性的，会给社会带来灾难。据此，他极力反对共和及"新文化运动"，大力倡导以儒教("孔教")为国教,呼吁国人不要迷信所谓的"全盘西化",要维护中国传统的政治、社会及道德价值。康有为重提他维新期间的孔教学说,并积极筹建各种孔教组织,在全国及华人世界掀起了声势浩大的孔教运动。晚年康有为的思想趋于保守,与其一贯坚持的维新、世界化的立场相抵触,不啻为《劝学篇》宣扬的所谓"中体西用"。有意思的是,张之洞所作《劝学篇》正是为了驳斥康有为在戊戌年间的思想。

早在1912年,尚在日本的康有为便指示弟子陈焕章、麦孟华等人仿效基督教的模式在上海成立宗教组织——"孔教会"。康有为自任会长,陈焕章以主任干事总揽会务。教会以"昌明孔教,救济社会"为宗旨,"以讲习学问为体,以救济社会为用",有着严密完整的组织系统。1913年,"孔教会"迁至北京。次年,再迁至孔子故里曲阜。

"孔教会"是康有为试图将其宗教思想制度化、组织化的集中体现。因此,康有为致力于从学理上创立教会的理论体系,他再次强调其早年在《孔子改制考》中的观点,即认为"六经"是先王受孔子假托而作的,孔子才是创教的"万世教主",孔教是一种有组织、有制度的宗教。康有为将孔教赋予西学的思想,试图创立一个具有民主、自由、平等观念的孔教理论。

1913年秋,康有为从日本回到上海,结束其16年的海外流亡生活。在他的积极运作和倡导下,其他孔教组织,如上海的"孔教会"、济南的"孔道会"、北京的"孔社"、太原的"宗圣会"、扬州的"尊孔社"、青岛的"尊孔文社"等亦纷纷成立,孔教运动逐渐展开,并在全国形成一定规模。

回国伊始的康有为积极奔走呼吁,主张立孔教为国教。1913年8月15日,孔教会向国会递交请愿书,使"定孔教为国教"的活动达到高潮。10月13日,请愿书被宪法起草委员会多数否决。为此,康有为不惜与袁世凯合作,希望袁世凯支持他的"孔教运动"。而袁世凯出于复辟帝制的需要亦提倡尊孔,他先后颁布《祀孔令》和《尊孔告令》,以政府法令的形式在全国推广孔教,提倡尊孔。在袁世凯的支持下,孔教运动于1913—1914年得到迅速发展。由此观之,孔教会被认为是帝制运动的同盟是有其原因的。但实际上,康有为对袁世凯的"帝制运动"是极力反对的,他曾致书袁世凯,劝其放弃做皇帝的打算,并积极支持梁启超军事反袁的行动。1916年袁世凯因帝制复辟失败,忧惧而死,黎元洪继任大总统。9月23日,康有为在《时报》上公开发表《致总统总理书》,再次要求"以孔教为大教,编入宪法",孔教运动再起高潮。1917年5月14日,宪法审议会再次否定孔教为国教议案,孔教运动又一次受挫。

虽然康有为反对袁世凯称帝，但他却并不反对皇帝，他一直深信皇帝是中国近代化的关键。"戊戌变法"的主要目标，乃是经由光绪的同意与合作，使中国走上君主立宪的道路。变法的失败并没有使康有为灰心，他仍然为此目标奋斗，并采用新策略应付变局。他希望由清帝或孔子后裔来出面实行君主立宪，以代替不稳定的共和制。此种不现实的幻想使他参与了复辟帝制的活动。1917年7月1日，张勋在北京发动复辟政变，拥戴废帝溥仪为皇帝，康有为积极响应，企图在复辟帝制的同时，恢复孔教的至尊地位。他化装进入京城，得到了一个"弼德院"副院长的官职。溥仪还赏给他头品顶戴并加恩在紫禁城内乘坐二品肩舆。康有为似乎对此待遇颇为满意，并发出"逋臣廿载重归日，无限伤心烟树红"的感慨。但在各界力量的强烈反对之下，复辟的闹剧仅仅12天就宣告结束。此举使得孔教运动遭到致命打击，亦损害了康有为的个人形象。他被戴上"复辟派""保皇派"的帽子，并树立了很多敌人，他的首席弟子梁启超亦公开与之决裂。梁启超曾公开表示自己的政治主张与老师不同，其不能与康有为同为国家罪人。直到5年后，康有为的原配张夫人在上海去世，梁启超亲往吊唁，师生关系才得以修复。

康有为将儒学转化为宗教的努力终归失败，原因在于中国的儒家传统中，虽然孔子作为圣人的地位极为尊崇，但却从未被当作神或教主来看待。而儒学的思想体系，始终强调人文关怀、理性精神及民本观念，这与制度化的宗教神学有着本质的区别。二者虽同有教化之意，但诚如梁启超所说："儒教之教，乃教育之教，非宗教之教。"【梁启超：《保教非所以尊孔论》，《新民丛报》第2号，光绪二十八年（1902）正月十五】此外，康有为在推行孔教的具体过程中，寄希望于通过君主制的恢复而重立孔教的地位。这使得文化层面的宗教复兴运动与复杂的现实政治相纠缠，孔教亦最终沦为帝制复辟的工具而遭到历史的唾弃。

复辟活动失败后，康有为逃入美国公使馆。5个月后，方由美驻华公使施恩瑞派专车护送出京。丁巳复辟是康有为一生中参与的最后一次重大政治活动。为此，他声名扫地。晚年康有为一方面遭到传统文化捍卫者的攻击，认为他要完全摧毁中国的制度和风俗，如历史学者钱穆就认为康有为伪装孔子门徒，其实是西方的膜拜者，即所谓的"貌孔心夷"。另一方面，西学派则认为康有为反对现代化，由变法沦为了反动。

值得注意的是，尽管康有为与胡适、陈独秀等新文化运动的领导者们相互诘责，但他们所关注的皆为中国如何从传统走向现代化的问题，他们的学术渊源均来自近代西方文明，故他们的思想所反映的历史趋势亦是大致相同的。因而，康有为不能成功地通过皇帝实现他的现代化计划,新文化运动的领袖们自然也不可能在中国践行"德先生"与"赛先生"的理想。最终只有马克思主义成为中国人民改造旧世界的思想武器。

2. 寄情山水,老有所好

康有为的一大癖好就是游览名山大川。他这样说过:"吾人生于抟抟之大地,凡大地之名山,皆当翕受之。吾人生于区区之中国,凡中国之名山尤不可失也。"事实的确如此,他在继周游世界之后,又于1914年到1927年的10余年间,三游茅山、三游庐山、二游"五岳之首"泰山、四游"镇江三山"、一游佛教名山普陀山、登太行山、攀西岳华山、赴登封上中岳嵩山。他为游名山不辞劳苦,这些名山都留下了他的历史足迹。

康有为第一次游览江苏茅山是在1914年。这是他遍游神州的开始。后来于1916年和1918年又曾两次来此游览。茅山一带多低山丘陵,山清水秀,风景优美,最著名的山峰叫大茅峰。这里宫、亭林立,历代江南名士常来此隐居或小住,观景赋诗。同时,此处也是东南道教名山,素有道家第八洞天之称,也算得上是文化名山。康有为第一次登上大茅峰顶,似有凌空飞渡、飘飘欲仙之感。他颇有感触地说:"及登大茅峰顶,壮观飞扬,如出天外,想象飞升,遂忘人世矣。"他对堪称道家第八洞天的茅山产生了特殊的情感。

康有为的封建思想较深,尤其相信封建迷信。当他看到茅山群山幽静、山水宜人的环境时,立刻产生了两个想法:一是在此为康家建造阴宅,二是在此投资创办实业。他的这两个愿望后来都实现了。康有为之母、其弟广仁、三夫人何旃理葬于此,又在此处创办了一家资本主义性质的农场,即上文提到的述农公司。从此以后,他与茅山结下了不解之缘。

康有为对庐山也情有独钟。庐山的惊险奇峰、银色飞瀑都深深地吸引了他。游庐山也是他的一大心愿。他一生中曾三游庐山。

康有为初登庐山是在光绪十五年(1889)。那是康有为从北京回粤,途中慕名登庐山游览。他参观了白鹿洞书院,并在海会寺拜会至善禅师,受到了禅师的热情接待。他在此看到了元代书法家赵孟頫书写的《华严经》,欣赏了心月和尚镌刻的五百罗汉图拓本。康有为从这些文化瑰宝中汲取了丰富的营养。他还来到黄龙寺,参观了寺前由两棵柳杉、一棵银杏组成的三宝树,并在寺前亲手植两棵婆罗树,以永志纪念。他又参观了东林寺,该寺是晋代高僧慧远所创建,是我国佛教八大道场之一。康有为在此意外发现了新的历史奇迹。他在寺里厨房的地下发现了唐代书法家柳公权所书的

《复东林寺碑》,该碑虽损坏严重,碎成几块,但依稀可辨的字仍有 48 个,另外还有 8 个字只见字形不能确认,经他一番整理,柳公权遒劲有力的笔锋再现于世人面前。饱览了庐山的自然风光和人文景观后,康有为感慨万端,赋诗一首《庐山谣》,予以赞美。《庐山谣》中共有长短 34 句,现摘前 4 句,以飨读者:

紫溟吹落青芙蓉,随风飘堕江之东。
瓣开四面花玲珑,化作碧玉千百峰。

光阴似箭。康有为第二次登庐山,已是近 20 年之后的 1918 年。在此前一年他协助张勋复辟失败后,落得个身败名裂,政治上的失意使他心灰意冷。故地重游,风光依旧,但游者却大不一样了。他内心充满了凄楚哀伤,却又无可奈何。他来到黄龙寺,看到当年他亲手种下的两棵婆罗树已经高过屋顶了。这时,恰有人前来拜谒,带来戊戌年八月吴淞口外康有为准备投海自杀时写给弟子的遗书真迹,请康有为为其题跋。他感叹世事多变,"故旧亦鲜存",看到自己"尚能曳杖看山,与五老周旋",悲伤之余又有了一份自慰。

1926 年,康有为已年近 70,仍有兴致三游庐山。庐山山水依旧,只可惜亭台殿宇因年久失修而残破不堪。他深感痛心,不禁发出了"坏殿颓垣太寂寥"的感慨。他踏着往日的游迹而观览,在黄龙寺,手抚婆罗树,追今抚昔,又不免生一番感慨,并作诗《空生谷》留念。在东林寺,他发现的那块柳碑被嵌于殿廊,又赋诗一首《东林寺柳碑记》,寺僧后来将此诗刻石立于柳碑之侧。他还在庐山温泉附近购地10亩,交由海会寺代管,每年地租捐给海会寺作为香火灯油之资。他当夜住在归宗寺,并题诗一首:

讽天云气金轮塔,洗尘风流内史池。
无数香樟合抱树,又来三宿立多时。

康有为三次游庐山,在庐山留下了诸多的墨宝,已成为后人瞻仰的古迹,为中华文化留下了一笔宝贵的精神财富。

东岳泰山乃五岳之首,也是我国历代帝王封禅的名山,文物古迹随处可见,是中华民族的艺术宝库。热爱历史、酷爱艺术的康有为当然不会放过游览它的机会。康有为于1916年和1922年两上泰山,观光游览。初观泰山,他被泰山的气势深深震撼。他依次游泰山岱庙,抚唐槐汉柏;过经石峪,临摹《金刚经》,被石峪中的雄奇大字所折服;登上南天门,夜宿玉皇顶;上封台,东至日观峰,观日出于东海之上。登上泰山之巅,才深切感到泰岳之尊。康有为为泰山的壮美所感染，不禁赋五言长诗《夜宿玉皇顶》以抒情怀，该诗文采飞扬，气势恢宏，一气呵成，是歌颂泰山的不可多得的佳作。

　　康有为在大自然中观赏青山绿水，在人文景观中寻访古迹。他感情丰富，充满激情，在赞美祖国大好河山的同时，又不忘对屈辱历史发出悲叹。1920年，康有为四游江南历史文化名城苏州。唐代诗人张继留下的《枫桥夜泊》中"姑苏城外寒山寺，夜半钟声到客船"的著名诗句，使寒山寺成为苏州的一大景观，而尤为引人注目的是寺中的古钟，康有为当然也想一睹为快。但是，当他来到寺内时，他失望了，同时也愤怒了。原来，寺中的古钟已被日本侵略者掠走了。光绪三十一年（1905）重修寒山寺时，曾要求日本归还古钟。但日本却矢口否认，拒不归还。日本为掩盖事实，只送来一口小钟，钟上刻有伊藤博文写的铭文，为其侵略行径辩护。康有为没想到看到的竟是日本小钟，感到莫大的耻辱。于是，他提笔写下了一首雄浑跌宕、气势夺人的七绝：

　　　　钟声已渡海云东，冷尽寒山古寺枫。
　　　　勿使丰干又饶舌，他人再到不空空。

　　这首诗的意思是，寒山寺的钟已经被日本人窃去了，寺里从此冷冷清清，古风不再。你伊藤博文不要学习丰干爱多嘴，赶快将古钟归还，等我再来的时候，不要像现在这样空空如也啊！

　　康有为通晓中国的历史，因此他还有一个心愿，就是参拜历史古都。中国的六大古都北京、南京、杭州、开封、洛阳、西安，都留下了康有为的足迹和历史的回音。

　　康有为到南京游玩。他在莫愁湖参观了郁金堂里六朝南齐莫愁女的石刻雕像，回想到这位妙龄少女的刚烈忠贞，心中佩服不已。登上荷香水榭，眺望掩映于翠柳之中的万顷碧波，不禁大赞湖光的优美。正在这时，寺僧拿来端方所画的莫愁湖图，请康有为在图上题字。他面对优美的自然风光，联想到世事的纷乱，即兴在画卷末题诗一首：

　　　　一角城墙万顷荷，六朝金粉剩烟波。
　　　　湖山应让佳人领，免使争棋劫局多。

　　登钟山，游览了灵谷寺，又泛舟玄武湖上，他的心境与大自然已完全融为一体。

　　开封，位居中原大地，历来是兵家必争之地。在宋代，开封被称为"东京"。1923年，康有为来此进行观光游览。他参观了禹王台，游览了龙亭。龙亭是康熙年间建于宋、金故宫遗址之上的,又称为龙陵。康有为站在龙亭前,深感历史更迭的无情,各朝代更替的频繁,就像奔腾的黄河之水,一去不复返。为此,他又要写诗作赋,抒发情怀。他在龙亭石坊上即兴写出一首七绝:

远观高寒俯汴州,繁台铁塔与云浮。
万家无树无宫阙,但见黄河滚滚流。

又作一对联:"中天台观高寒,但见白日悠悠,黄河滚滚;东京梦华销尽,徒叹城郭犹是,人民已非。"以表达对历史的感慨。他又登上铁塔顶,此塔建于北宋年间,塔身由琉璃砖瓦建成。康有为认为这种结构的塔为国内仅有。因琉璃砖瓦颜色为褐色,酷似铁色,故称铁塔。在塔顶,他极目远眺,放眼四方,尽观古都全貌。该铁塔由于年久,地基下沉,故塔身向西北倾斜,是座斜塔,康有为把它与意大利比萨斜塔相提并论,称之"同为天下未有之奇宝"。在这篇短文中,他还把琉璃砖瓦发明的经过记述下来,并认为铁塔旧称与实际情况不符,应"证其名曰琉璃塔,以与阎浮提万国珍护之"。

康有为一路踏着历史的节拍向西游去,游洛阳,过函谷关,进西安,入咸阳。途中他饱览了秦关古道,西岳华山，汉墓昭陵。几乎游遍了周、秦、汉历朝的历史遗迹。他心情久久难以平静，故赋诗以表之：

渭桥古渡水沙萦，万点空鸦落日明。
秦代苑宫天汉像，汉时陵阙毕原晴。
久经历劫沧桑感，只胜高丘烟霞横。
晚上咸阳城上望，千家云树暮笳声。

康有为在古城西安，游兴大发，名胜古迹无一漏掉。他先后参观考察了西周的镐京遗址、阿房宫、长乐宫、未央宫、大明宫、兴庆宫等历朝遗迹。西安古都历史悠久，同时它又是历史文化名城，各种艺术珍品名扬海内外，康有为最为神往的是作为书法艺术宝库的碑林。碑林是为保存唐朝《开成石经》于北宋元祐五年（1090）开始修建，以后规模不断扩大。唐代大书法家颜真卿、柳公权、欧阳询等人的书法碑刻都陈列于此。康有为被前人的艺术成就所折服，同时也得到了一次高品位的艺术享受。

康有为一边游览西安名胜古迹，一边还进行了多次演讲。古城的历史名胜留下了他深深的足迹。1923年11月14日，陕西省督军兼省长刘雪雅请军署暨嵩军总司令部全体各师长、统领、省署政务、财政、教育、实业各厅长、审检各厅警务、督察各处及省内局所各全体，共邀康有为发表讲演。这表明了陕西各界对这位昔日叱咤一时的维新领袖的敬重。在此之后，他又应邀在西安青年会、孔教会、万国道德会、女子师范学校、报界公会、佛教会等处讲演。他在此主要讲"天人之故"，包括佛教、道教、孔教、人生、共和政体等。除了四处讲演外，他还在董仲舒祠堂拜祭，并发表演讲，康有为对这位"罢黜百家、独尊儒术"的开创者进行祭奠，表明了他对儒教的特殊感情。西安的演讲是康有为在晚年发表演说最多的一次。后来人们将他在西安的演说录成《康南海先生长安演说集》。

西子湖畔，是康有为颐养天年的好地方。康有为第一次到杭州，是在光绪二十三年（1897），再游杭州已是18年后的1915年。因此，他不禁发出了"苏武重来十九年"的感慨。他喜欢秀美的西子湖，更喜爱秀丽的西湖少女。1919年，康有为纳西湖船家刚刚年满20岁的少女张光为妾，这是康有为最年轻的小妾。康有为为了在杭州安家，从1920年开始，就在西湖畔丁家山修建园林式的别墅———一天园，历时3年方才建成。康有为留下很多关于一天园的记述，著名的有《一天园记》和《一天园诗十章》。这些对一天园优美景色的赞叹和眷念，表明康有为在晚年已沉醉于自然景色，超脱尘世了。

北京，是康有为游览中国的最后一站。康有为自从海外归来后,先后两次到北京,第一次是阴谋搞复辟活动,而后一次是在1926年9月,主要是旅游观光,聚朋会友。到北京后,康有为住在文园,也就是他的女婿罗文仲家。他故地重游,追忆往昔。在颐和园仁寿殿,他眼前不禁又浮现了28年前君臣问答的一幕,感慨万千,不禁赋诗一首,以抒情怀:

御床巃嵸抗丹霄,银烛当年记早朝。
卅载重来仁寿殿,黄帘不卷柏萧萧。

接着,他还去了玉澜堂,光绪帝当年曾在此居住过。戊戌政变后,光绪帝被软禁于此。康有为触景生情,感念戊戌变法时光绪帝对他的重用,却因此遭囚禁的经历,又作诗凭吊:

玉澜堂里昔囚尧,栏槛摩摩久寂寥。
侠士频呼为救国,微臣感痛望青霄。

康有为对北京有着特殊的感情,游北京对他来说意义也非同一般,尤其是生命将要终结的时候更是如此。他怀念昨日在北京的一切,更留恋他曾叱咤一时的短暂辉煌。但是,时光在流逝,过去的一切风光不会再现,他回天乏术,只能借诗表达对历史的无奈:

草堂万木久萧萧，吾道何之离宇遥。

旧学新知穷兀兀，乐天知命自嚣嚣。

银河雾散星辰夜，绿酒入怀今古潮。

华月明明光可掇，超观各自上丹霄。

泉城济南是一座风景优美的古城，自古以来就为文人骚客所讴歌，因其地理位置重要，成为古往今来改造中国的思想家关注的对象。1923年的盛夏，草木繁茂，大地一派欣欣向荣，康有为满怀兴致地来到古城济南游玩。

他来到城里，只见"家家泉水，户户垂杨"，果然是个好地方。剪子巷的石板缝隙里汩汩地冒出清澈的泉水，在青石板上哗哗流过。人在水中走，泉在石上流，比起江南风景，别有一番情趣。

济南有三大旅游名胜：趵突泉、大明湖、千佛山，一城尽揽山、泉、湖三色，这在中国山水优美的城市里也很少见。千佛山好似一架数十里长的巨大屏风，趵突泉日夜不息欢腾跳跃着三股泉眼，大明湖垂柳环抱、明晃晃的波平如镜，这些都曾经拨动过无数文人墨客的心弦。

大明湖与名泉相连。从趵突泉、珍珠泉、黑虎泉等流出的泉水，自南而北，穿城而过，最后汇集于大明湖。大明湖垂柳依依，水平如镜，实在令人陶醉。有数处名胜古迹位于湖上，如汇泉亭、历下亭、南丰祠、铁公祠、小沧浪亭，大量名人墨迹镶嵌其中。因此，大明湖既有自然之美，又有人文之韵，是文人雅士观光弄墨的绝好去处。

康有为乘一画舫，在大明湖上泛游。他欣赏湖光之美，时而止舟凝视湖亭之胜处。他游兴大发，登上湖心岛上的历下亭，此亭是八角重檐式建筑，古风犹存，亭门楣上高悬着杜甫的诗句：

海右此亭古，济南名士多。

游兴激起了诗兴，在情景交融中，康有为写下了《游大明湖登历下亭》的七言绝句：

城墙一角水拖蓝，画艇穿芦垂柳鬖。
历下亭前湖水瑟，济南风景似江南。

康有为游完大明湖接着又登上千佛山，一览千佛阁。极目四望，可以看到济南城全景。他惊奇地发现，济南城位于山脉一隅，在它的北面有黄河，南面有千佛山阻隔，正为弓背之上，阴阳既误，流水之反，宅民虽居盛都邑，但发展的余地不大，所以他认为，济南应该有新的发展规划。

在济南东北方，有座名叫华不注的山耸立于此。康有为又兴致勃勃地登上此山，顿觉眼前豁然开朗，坚信此处风水绝佳。他脑海中涌现出一个大胆的设想——开发新济南。为此，他特意撰写了《新济南记》和《新济南诗》。

在《新济南记》中，他提出了开发新济南的构想。文中说：

> 然山水之美皆不如华不注也。诚宜移都会于华不注前，然今亦不必移也，但开一新济南，尤美善矣。今驰道已至黄台山，黄台桥有农林学校在焉。诚宜从黄台桥通驰道于华山前，以华山为公园，稍缀亭台，循花木，先移各学校于山前，驰道间设一公会堂，为吏士公会之所，涉酒楼女间于其间，因人情之怡乐，藉以开辟之，则游人相率而来，车马杂沓，咸愿受一廛而为氓，乃为之限定园宅之制令，宅地必方十丈以外，宅必楼，瓦必红，宅式不得同，庶几青岛之闳规美观焉。不十年，新济南必雄美冠中国都会。

康有为旅游时也不忘关心国家建设，他以拳拳之心描绘新济南的美好前景。在《新济南记》中，他勉励山东人士，希望将来能看到更加美丽富饶的济南。

为此,他又作《新济南诗》一首,以此来表达对新济南的殷切期望:

宜移新济南,华山下作绘。
大开数驰道,公馆聚冠盖。

虽然康有为晚年在政治上是失意的,但他寄情山水,游览祖国大好河山的热情丝毫不减当年。在他去世的前10年,他游览过的著名城市有:青岛、大连、旅顺、杭州、绍兴、凤阳、曲阜、海门、定海、普陀、保定、开封、南京、济南、洛阳、西安、咸阳、武昌、岳阳、长沙、天津、北京等地。此外,他还不畏艰险,曳杖看山,庐山、泰山、茅山、清凉山、灵岩山、千佛山、崂山、华山、终南山、嵩山、岳麓山、天台山、雁荡山等中华名山都留下过他的足迹。游名山,访古城,记以诗文,宠辱皆忘,何其乐也!

康有为才华横溢。他首先是一位政治家、思想家,同时还是一位艺术家和诗人。他勤奋好学,手不释卷,而又兴趣广泛,拥有多种艺术才能。他擅长吟诗作赋,工于书法,同时酷爱文物古玩并长于鉴赏。这些都使他一生硕果累累,是我国近代不可多得的全才。

康有为是位伟大的诗人。他自己就曾说:"五十年来诗千首。"事实的确如此。50年里,他为了救国救民和推行社会改革不停奔波,长期漂泊他乡,以亲身的经历见闻,作诗1500余首,已编成《康南海先生诗集》15卷。其中戊戌变法前的诗篇有3卷,流亡海外16年间的有9卷,剩下3卷为归国后所作。分析起来,康有为诗歌创作的审美特征主要有两个。

首先,通过具体的思想内容和强烈的抒情意识,呈现出忧国忧民、慷慨悲壮的豪情。如光绪二十一年(1895)甲午战争后,康有为在发动第一次"公车上书"时,愤而作诗:

> 海东龙泣舰沉波,上相辀轩出议和。
> 辽台膴膴割山河,抗章伏阙公车多。
> 连名三千毂相摩,联轸五里塞巷过。
> 台人号泣秦桧歌,九城谣谍遍网罗。

他以慷慨激昂之气,通过对群众抗议的声情描绘,使人们仿佛可以看见3000人上书后群情激昂的悲壮场面。全诗大气磅礴,于悲壮之中不失士气豪情。

其次,言志和抒情相互交织,通过形象创造表达了诗人的豪情壮志,呈现出豪气淋漓、阔大雄奇的意境美。如康有为在二次上清帝书受阻后所作的诗中,展开了丰富的联想:

沧海惊波百怪横，唐衢痛哭万人惊。

高峰突出诸山妒，上帝无言百鬼狞。

诗人在境遇和情志的交织中，表现了社会的动荡，也表达了自己的愤懑之情。

康有为在进行诗歌创作时，常常大量运用比喻、夸张、设问等手法，同时也常以摹状、叠声等修辞手法来描写客体世界，表达主体的内心感受。他笔锋犀利，笔区云谲，诗作声情俱美，形象感人。

康有为还是位书法家。早在戊戌变法以前，他就著有《广艺舟双楫》，一共6卷。该书是我国书法理论和书法史上不可多得的杰作。它论述了我国书法的渊源、沿革和发展，并对历史上繁多的书法流派的特点进行评论，在很多方面都有独到的见解。其一，他一贯主张"尊碑轻帖"。帖学盛行于宋代，但到清代以后，系统庞杂混乱，体貌失真，形神俱丧。他认为："今日所传诸帖，无论何家，无论何帖，大抵宋、明人重钩屡翻之本，名虽羲、献，面目全非，精神尤不待论。"因此，他认为只有"尊碑轻帖"才能保书法之形神。其二，他主张论书应弃唐碑而尊南北朝碑。他认为："欲尚唐碑，则磨之已坏，不得不尊南北朝碑。尊之者非以其古也。笔画完好，精神流露，易于临摹，一也；可以考隶楷之变，二也；可以考后世之源流，三也；

唐言结构，宋尚意态，六朝碑各体毕备，四也；笔法舒长刻入，雄奇角出，应接不暇，实为唐宋之所无有，五也。有是五者，不亦宜于尊乎。"因此，他告诫初学书法者，因为唐碑书法浅薄，绝不可学从唐人，而应从"六朝拓本"入手。此外，康有为还系统地阐述了学习书法的顺序和运笔的技巧。

康有为写得一手好字，独创"破体"书法。他下笔偏下而中正，以肘部用力为主，很少用腕力；小一点的字就用腕力，很少用指力。中锋圆笔，左右基本对称，落笔似放不放。笔画工整，横平竖直，长撇大捺，浑圆有气势。康有为推崇汉魏六朝碑学，博采众家之长，自成一体，被人们称为"康体"。晚年他的几位入门书法弟子像徐悲鸿、刘海粟、肖娴、孙巍等，都继承了他的书法艺术，成绩斐然。

此外，康有为还是收藏鉴赏古玩的大家。他酷爱书画，收藏的古今中外名人字画有几百幅之多。1917年随同张勋复辟失败后，他逃进美国公使馆避难5个多月，并利用这段时间对所藏书画进行了整理。不久，他写出了《万木草堂藏画目》，第二年由长兴书局石印出版。他列出的中国画目共有388件，大多为唐代以后的各朝名画，还有数百件国外书画。在此书中，评论文字占有很大的篇幅，分析品赏有很多独到的见解，而且还提出了许多新颖观点。因此，《万木草堂藏画目》

也是他的绘画理论著作。

　　收藏古董古器也是康有为的一大爱好。他在神游海外期间，曾经用保皇会的赠款在各国购买了不少中外文物古董。他认为中国人对外国文化认识不多，主要是因为国内缺少可做中外文化对比的感性材料。因此，遇到文物古玩或艺术品，只要能使国人开眼界长见识的，他都要买下来，如意大利高数尺的石雕人像、西班牙的金银软剑、庞贝的软石、锡兰的贝叶经等他都加以珍藏。他看到世界上一些文明古国，历史古器古迹保存完好，但中国的历史古迹却破坏严重，残缺不全，还有很多流失国外，他担心要不了多久中华古物精华就会散失殆尽，因而写了《保存中国名迹古器说》，发表于1913年《不忍》杂志。此文洋洋洒洒七百言，其中心内容是保存国粹，即古董古物，开博物馆展览，以宣传中华文明；在历史古迹处，开辟旅游胜地，供人们参观，既可增加收入，又可向世界传播中华文化。他的这些思想在当时确实是难能可贵的。

　　康有为不仅是位政治家思想家，同时又是教育家。在他的一生中，有3个讲学时期，第一次是在广州长兴学舍和万木草堂，第二次是在桂林讲学，最后一次是他晚年在上海天游学院讲学。

　　康有为一生热心教育事业，办学授徒是他的一大乐趣。晚年定居上海时，他曾应聘在仓圣明智大学讲学。1923年,他曾提出同山东地方绅商拟办曲阜大学,但后来未能如愿。因此,他决定自办学院,培养弟子。1926年春天,他终于开办了天游学院,院址就造在上海愚园路194号自家宅院游存庐临街的一幢两层楼房里。他自任院长并兼主讲,聘龙泽厚为教务长兼讲经学,聘阮鉴光授日文及伦理学,罗安讲授英文,况夔生讲授词曲。总务由王志渊充当。能进入此学院的学员必须有一定的学问基础。

《天游学院简章》由康有为亲自编定,他首先确定学院的宗旨,规定学院的宗旨是研究天地人物之理,为天下国家身心之用。学制采用书院制,致师弟之亲,酌情采用学校制。所开学科分5大类:(1)道学:经学、历代儒学、史学。(2)哲学:天文、地理、电学、生物、人类、人道、周秦诸子、东西洋哲学、心理、伦理、人群、灵魂、鬼神、大同。(3)文学:散文、骈文、诗、词、曲、书、画。(4)政学:政治、宪法、理财、教育、列国。(5)外国文:英文、法文、德文、日文。学生有正规生和特别生之分。正规生入学需通过考试,先入预科学习,后升本科,年限前一后二,共读三年。但对那些好学之士,又不能依规定学科修业者,也可来学院随意听讲,此为特别生,不需考试。学院适当收费,每学期学费40元,食宿费50元,杂费6元,共96元,入学前缴纳,如果中途退学,所缴费用概不退还。

从其简章来看，天游学院办学颇为正规，这也体现了康有为一丝不苟的办学风格。教室内悬挂有康有为题写的对联：

> 天下为一家，中国为一人；
> 知周乎万物，仁育乎群生。

这与康有为一贯提倡的大同思想是一致的，也反映了康有为晚年仍念念不忘大同境界。

天游学院第一期招收的学员只有十几人，其中有3人是北方人，其余的都是江浙一带的学子。康有为每星期讲5小时的课。上半学期讲诸天，下学半期则多讲文章、书法及各家杂说。在教学方法上，他注重自修，而不是课堂，认为所谓讲解者不过对学习者起启发诱导的作用；主要功课在于笔记，每月布置10道论文，要求随同笔记一并送呈，康有为亲自批阅，仔细圈改，并及时发放。这种教育方法自由灵活，有助于培养学生的分析、理解能力。

康有为学识渊博，兴趣广泛，讲起课来常引经据典。讲天文，他认为："地乃日所生，而与水、金、木、火、土、天王、海王星同为绕日之游星。吾人生于星中即生于天上，为天上人。愚人不知天，只知有个人，有家庭，则可谓家人。或只有里闾族党而不知天，则可谓为乡人。

进而知有郡邑而不知天,则可谓为邑人。又进而知有国土而不知天,则可谓为国人。环游世界者而不知天,则可谓为地人。"他通过望远镜看见其他星球上有火山之海,便认为其他星球亦有人类,进而还推测"必亦有无量之人物、政教、风俗、礼乐、文章焉"。

讲文章,他认为:"古今大文章只有20余篇,以李斯《谏逐客书》为第一,贾谊《过秦论》第二,其次则司马相如、刘向、刘歆、谷永、扬雄、匡衡诸家敦厚典雅,皆含经义。"康有为评选文章眼光极高。但在讲书时,他却并不注重文法、章句,往往是讲着讲着就出乎本题之外,海阔天空地漫谈起来。

讲史学,他以《史记》《两汉书》为主,以《资治通鉴》为编年史籍例。他要求学生必通读《史通》《通考》《职官》《地理》诸书。若通晓边陲风情,则参考《朔方备乘》《蒙古游牧记》《藩部要略》《卫藏志》等。康有为一生读书勤奋,涉猎又广,对中国典籍知之甚多。

讲书法,则他尤其要求以泰山《经石峪》为榜书。他在游泰山时,在经石峪观碑,曾长久驻足,不忍离去。因此,在讲学中,他常以此碑为例。其他如《石门铭》《郑文公》等,也是他讲学的蓝本。他常对弟子说:"写字须先摹碑,五日一换;能摹百碑,即可拔群绝俗。若欲成家,则镕铸古今,截长去短,得其神似,而不取其形貌。"康有为的书法艺术思想是难能可贵的,也正因为理论上的独到见解,使他的书法技艺也颇有成就。

康有为才高志大,好高骛远,晚年讲学也常盛气凌人。一天,他在讲堂大声说:"有人谓我不能为骈体文,然我并非不能,实不愿为。少时读六朝文,皆能背诵。今日请诸君戏出一题,余在讲室口述,诸君笔记,不经篡改,即可成骈体一篇。"他确实有点自负,但也的确有才学。然而他讲学的内容很多在当时都比较陈旧,一些政治主张都早已过时,如宣传君主立宪和虚君共和理论。这在当时与历史的脚步不相协调,表明了他的政治思想已经落后于时代的发展了。但是,他的教育活动是值得肯定的。他不顾年迈体弱,年近古稀,还登坛讲学,精神尤为可嘉,他献身教育的精神永远值得我们尊敬。

3.康有为的家庭生活

康有为晚年的大部分时间是在上海度过的。他在上海维持着一个人口众多的大宅门。

康有为的原配夫人是张云珠(字妙华),长康有为3岁,始终帮助康有为在家料理家事。康有为流亡后,张云珠留在香港照顾康的母亲劳连枝。张云珠于1922年在上海去世。她先后生有四女一男,但只有长女康同薇及次女康同璧存世。

光绪二十三年（1897），已近不惑之年的康有为纳梁随觉为妾。梁氏随康有为流亡海外，成为近代中国见识最广、游历国家最多的女性之一。她对康有为的一纸一字都珍视爱护，收集和保存了不少康有为的信札手迹，成为研究晚年康有为的重要资料。梁随觉于1969年去世。她生有两儿两女，存世者有长子康同篯、六女康同复、七女康同环。

光绪三十三年（1907），康有为在美国与17岁的华侨姑娘何旃理结合。何氏祖籍广东开平，出生于美国，其父何胜芳在美国经营果园致富。婚后，何旃理成为康有为的翻译与助手，1914年，即何旃理随康有为回国后的第二年，不幸患猩红热身亡，年仅24岁。何旃理为康有为生有两男两女，存世者仅次子康同凝及八女康同琰。康同凝过继给康有为的弟弟康广仁，而康同琰却在上海遭遇车祸身亡，年仅18岁。

康有为流亡日本须磨时，曾雇用16岁的日本少女市冈鹤子为仆。康有为回到上海后娶鹤子为第四房小妾。但鹤子后来却与小自己10岁的康有为长子康同篯有了感情，且怀了康同篯的孩子。康有为逝世后，市冈鹤子回到日本，并产下一女，取名绫子。1974年2月，年逾70的市冈鹤子对女儿绫子说，要到附近的公园去走走，结果却再也没有回来。腿脚不好的鹤子居然去了与住地方向完全相反的须磨，并在那里卧轨自杀。或许市冈鹤子将60年前在须磨的生活作为一生的回忆,并选择在那里结束自己的生命。她在遗书中写道:"我的身体和心灵都已经筋疲力尽了。"(鸿山俊雄:《鹤子女士》,夏晓虹编:《追忆康有为》,生活·读书·新知三联书店2009年版,第283~285页)

  1915年,58岁的康有为又迎娶第五位夫人廖定征。廖定征原是康家侍女,关于她的资料十分稀少,或许因其出身卑微,在大宅门中究竟不能适应,后来竟一走了之。廖定征生有一女,即康同伶,但在康有为去世后不久亦夭折,年仅12岁。

  1919年,康有为在西子湖畔看中了船家女张光。这位19岁的小姑娘还没有康有为的儿女们岁数大(此时康有为长女康同薇已经42岁了),但62岁的康有为却对张光穷追不舍,多次派人说亲,终于将张光娶为第六房姨太太,并在上海大张旗鼓地举办了婚礼。张光是康有为晚年最得宠的女人(参见郭海军、战瑞清著:《康有为:执毅人生》,长江文艺出版社2000年版)。

  与康有为住在一起的家人最多时有5位夫人和6个子女。就1921年康家在上海愚园的全家福照片可见,除了康有为外,尚有张云珠、梁随觉、市冈鹤子、廖定征、张光5位夫人,及同环、同凝、同伶、同籛、同复及同复的丈夫潘其旋等子女。

  除了家人外,康家还雇有男女仆人及厨师共四五十人，其中包含两名印度籍的门房。此外还有不断来寄居的门生、故旧及食客。

为了安排众多人口的居住，1914年6月，康有为将位于上海新闸路16号的辛家花园租下来。这是商人辛仲卿建于清末的一个大观园式的住宅，园内亭台楼阁，小桥流水，杂莳名卉，是当时著名的私人花园。后辛氏因经营失利而破产，便将园子卖给了盛宣怀。康有为以每月租金120元的价格从盛家租赁花园的南半部，并建造起许多建筑，如"游存楼""补读楼""閟清院""莲韬馆""闻思斋"等。康有为将部分空地改成花圃及果园，还在园中饲养海龟、袋鼠等珍稀动物，辛家花园成为一处富有海派特色的杂园、奇苑。康有为一家在此居住了8年时间。

1921年，康有为在愚园路购买了10亩地，建造了一座花园式的别墅群，并命名为"犹存庐"。康有为秉承其一贯的奢侈之风，在园内的布置上十分讲究，除了假山、木桥、池塘外，园内还种植1200多株树，其中有从日本买来的400株樱花，以及很罕见的开绿花的梨树。池塘边搭有爬满葡萄和紫藤的棚架，有很多菊花及玫瑰点缀其间。园内还养了孔雀、麋鹿、猴子等珍稀动物，还有500尾颜色不同的大金鱼。此后，康有为便在这四季鲜花盛开、鹿鸣猿啼的田园中做起了寓公。

康有为和家人合影

维持如此一个大宅门的开支是十分巨大的。康公馆每次采购都用汽车运输,每月单伙食费一项就要花费40多元。康有为每月给女儿发生活费5元,但他对儿子却较为"苛刻",每月只发2元生活费。康有为对待雇员十分宽厚,在康公馆中的男女雇员月薪能达到12元,这在当时是很高的收入了。康有为的应酬及外出游玩的费用也不少,每月总开支不下1000元。虽然康有为晚年并不参加政治活动,但他还是经常与外界联系并对某些政治事务发表言论。因此他时常打电报。当时的电报费是非常昂贵的,仅此一项一年就要花费1000余元。此外,康有为还不时光顾古玩店,并收藏了大量的古董字画,这又是一笔不菲的开销。

康有为是如何支撑起一个如此庞大的家庭和巨大开支的呢？据说康有为在海外组织保皇会时，华侨的捐款巨大，除了足以维持康有为在海外的奢侈生活外，很多都转为康有为的个人财产。康有为回国后，广东政府发还了清廷抄没的康氏家产，并对康有为16年的损失进行补偿，加发官产。此外，康有为的书法水平很高，他常在报刊上登广告卖字，并在北京、上海的各大书店放置"鬻书告白"，中堂、楹联、条幅、横额、碑文等，康有为有求必应。当时的官僚及富商，都因"康圣人"的大名而附庸风雅，趋之若鹜。据说，康有为仅此项收入便达到每月1000元左右（参见湖南省政协文史委员会编：《湖南文史》，湖南文史杂志社1992年版）。

4. 沸沸扬扬的盗经风波

康有为晚年有一件事哄传全国，闹得沸沸扬扬，那就是所谓的"盗经风波"。

1923年冬，陕西督军兼省长刘镇华邀请康有为到西安讲学。康有为闲暇时参观卧龙寺，看到寺内珍本图书颇多，特别是南宋平江府（苏州）延圣院摹刻的四柜《碛砂大藏经》乃海内孤本，心甚爱之。他向主持定慧提出，大藏经已生书鱼，且残缺不全，愿以正

卧龙寺

续藏经二部相换，将旧经带回修补。而该寺亦早有付梓打算，正苦于资金无着。定慧觉得这是件两全其美的好事，便应允了康有为的提议。双方还订立合同，签字换经，并且规定重印之后，原经归还卧龙寺。

当时康有为住在中州会馆，由刘镇华派出的军事人员负责其安全事务。康有为便委托这些人员前往取经。但军人们并不懂得佛经版本，将不少其他经书亦搬上车拉走了。寺僧发觉后，便责问康有为，认为其浑水摸鱼，并要求将大藏经归还。但康有为觉得卧龙寺小题大做，将拉错的几卷经书归还便是。此事被"易俗社"的创始人李桐轩知道，便联合杨叔吉、刘映春等人将消息在报上披露,引起省内外文化界人士的关注,于是"康圣人盗经"一事闹得满城风雨。康有为的随行弟子邓毅十分恼火地说:"康圣人走南走北,对皇帝也没订过合同。今来西安,订合同以新的换旧的《大藏经》,还不满足,胡闹。我说定了,经是属于康先生了。康先生把经烧了,也不会给你们!"(刘安国:《盗经风波》,夏晓虹编:《追忆康有为》,生活·读书·新知三联书店2009年版)而西安文化界的知名人士却以盗经案向法院起诉,法院还派法警持传票送到中州会馆。虽然法警遭到卫兵阻拦,但却有渭南名士武念堂写了一副对联贴到中州会馆的大门上:"国家将亡必有,老而不死是为"。又加上横批:"王道无小"。此上联出自《礼记·中庸》:"国家将亡必有妖孽",下联出自《论语·宪问》:"老而不死是为贼",横批则根据"王道无小康"之说。合而言之,即讥讽康有为是老而不死的妖孽和贼。

事态发展至此,康有为对西安人士捕风捉影的胡骂乱咬感到十分恼怒和难堪。他决定不要经书,并向刘镇华辞行。刘镇华也觉得难以为继,他并不想因康有为而得罪西安文化界及舆论,于是客要告别,主便恭送。据说康有为走时,用十几匹驮骡装运几十个箱子的行李,一般陕人又误以为箱子内是经书,于是圣人盗经的事情便扩大宣传起来。不久上海某报刊出一个人挟经书奔跑,一个僧人在后面追赶的漫画,而画的背景却是卧龙寺。该画还附有标题："圣人不死，大盗不止。"经过报纸的传播，圣人盗经之事弄得举国皆知。实际上，康有为在箱子里面装的是其在西安游览时所拾得的秦砖汉瓦。经书并未带走,已经归还原处了。1928年，经书移至陕西省图书馆。1935年，杨虎城、范成法师、朱子桥等出资，将《碛砂大藏经》影印。

所谓的"康圣人盗经"之事，与当时的文化及社会背景不无关系。康有为于1917年参与张勋的复辟活动后，名声便一落千丈。经过新文化运动及五四洗礼的中国社会,新的学术思潮正蓬勃发展。在一般舆论中，孔子已不再是所谓的"至圣先师"。而康有为此次到西安，却受到当地孔教会成员的跪拜欢迎，康亦隐然以圣人自居，这些自然遭到西安文化界的反感。刘镇华邀康有为在"易俗社"公开演讲，并要求全校师生都参加。但演讲刚刚开始，便要靠士兵维持秩序，才能阻止师生退席。这亦可见西安文化界对康有为所持学术思想之一般态度。而康有为为人却又极不谦虚，常常以教训的语气与人说话。据说，长安县县长王文同与康有为见面，康问长安县的户口有多少，王一时答不上来，康便教训道："你连户口二字都不懂吗？户，就是窗户的户。"并用手指着自己的嘴说："口，就是这个。"王文同亦是一个老先生，被康有为弄得十分难堪。

可见，盗经风波并不在于事件本身的是非曲直，它反映出的是康有为的学术价值在当时思想界的地位，及其为人在社会中受到的普遍评价。这件事的确属于西安方面的借题发挥。

5. 抱守残梦，逝世青岛

北京是康有为的伤心地。1926年秋，是他最后一次游北京，居住在文园二女儿康同璧的家中。他怀着悲怆的心情在菜市口凭吊戊戌年被杀的弟弟康广仁及其他五位"君子"。他在南海会馆外，回想当年的踌躇满志，感慨万千，不禁老泪纵横。在京学生们连日为康有为举行宴会，但康有为却终日闷闷不乐。

晚年康有为对清室的感情似乎更加浓厚。1924年10月23日，冯玉祥阵前倒戈，发动北京政变，将溥仪逐出故宫。康有为电责冯玉祥"挟兵搜宫"的行为，并认为不能以此立国。第二年，溥仪逃到天津，住进日租界的"张园"。张园是前清陆军第八镇统制张彪所建的豪华宅院。溥仪住进张园后，张彪对其极力侍奉。张彪从英国订制了欧式家具，装潢宅内西洋式的建筑。刚出皇宫的溥仪对西洋风情十分受用，居然在张园外挂出"清宫驻津办事处"的匾额，俨然在此成立了一个小朝廷。前清遗老、遗少常往张园朝见。康有为亦怀念旧主圣恩，并不顾自己年迈体弱，专程从上海赶到天津，完全按照清代旧制，以跪拜大礼面见"圣上"。

1927年3月8日是康有为的七十大寿。清逊帝溥仪命人将其亲笔题写的"嶽峙渊渟"匾额一幅及玉如意一柄，从天津送到上海康家，为康有为祝寿。对"圣上"的"恩宠"，康有为十分感激。他在给溥仪的谢恩折中，回顾了戊戌变法的历史，表达了他对光绪的感激之情。并对溥仪表示"永戴高天厚地之恩，以心肝奉至尊，愿效坠露轻尘之报"。康有为让人将谢恩折用小楷清缮，石印1000份，分赠给祝寿贺客。此时距清王朝被推翻已经15年了，康有为却还在对逊帝溥仪上奏谢恩，自称老臣。可见，即使"奉衣带诏"是康有为编织的政治谎言，他自己又何尝不是生活在这个谎言之下而不能自拔呢？

康有为度过其人生中的最后一个生日后，便开始检点存稿，做离沪的准备。此时北伐军正横扫长江流域，兵锋直指上海。康有为似乎对即将到来的新时代并不欢迎。他感叹与上海的缘分已尽，并穿上前清官服拍摄照片，分赠工友（康同璧：《南海康先生年谱续编》，《中国学人自述丛书·我史》，江苏人民出版社1999年版）。3月18日，康有为乘轮船离沪赴青岛。到青岛后，他连日赴宴，极为劳累。3月29日晚，在一广东同乡的宴请中，康有为忽感腹部剧痛，被人抬回其在青岛的

康有为的青岛故居

别墅天游园。后经一日本医生诊断为食物中毒。虽然经过治疗康有为的病情略有好转,但很快又突然加剧,于3月31日在天游园溘然长逝。据其七女康同环回忆,康有为死前挣扎痛苦,七窍都有血渍,这似乎又非一般的因食物不洁而引起的中毒。关于康有为的死,众说纷纭,至今仍是一个历史谜团。

康有为去世时,其妻妾子女、弟子门生多不在身边。其葬礼由青岛市市长赵祺、友人吕振文操办。吕振文还为康墓撰写了碑文。而梁启超则联合康门弟子在北京举行公祭。梁启超含泪宣读了他亲自撰写的《公祭康南海先生文》,对康有为的一生进行了回顾。正如祭文中所谓的"任少年之喜谤，今盖棺而论定"，梁启超对康有为的历史功绩大为称赞，同时亦委婉地批评了他在参与复辟事件中的过失。应该说，梁启超的评价是较为公允的。16年之后，万国道德会及康有为的亲友、弟子将康墓修葺营造一番，并举行了有数千人参加的公祭大典。此后，到青岛旅游之人，常在康墓前凭吊、怀念这位维新运动的领袖。

康有为的一生可谓大起大落、坎坷非凡。今人对他的认识与评价也存在较大的纷争。誉之者称其是伟大的改革家，毁之者对其性格上的诸多缺陷进行种种指责，并谓其保皇复辟之举乃大开历史之倒车。但平心而论，康有为的确是了不起的。他以一介书生敢于七次上书最高统治者，不断提出自己的变法主张。所谓的"康党"，政治力量其实很孱弱，但康有为却风云际会，登上了最高政治舞台，从而创造了一幕悲壮的历史画卷。这虽然是历史形势之使然，但康有为的功绩却不应否定。戊戌政变后，李鸿章曾对人说，康有为干了他几十年想做而不能做的事情。这个事情，就是以变法求富强。尽管变法失败了，但这是近代中国对国家出路进行积极探索的重要历史环节。随着时代的发展，人们对近代历史、近代国家的发展道路问题还会有新的认识，对康有为的评价亦会产生新的争论。或许，这正是研究历史人物的魅力所在。

后 记

"一带一路"相关国家众多,代表性人物众多,为中外交好、民心相通做出杰出贡献的人士众多。因此,为"一带一路"璀璨群星立传,既使命光荣,又责任重大。在这项浩大工程的策划、组织、执行过程中,有许许多多的志士参加了有关传主的名单征集和审定,以及写作、翻译、审读、编辑、出版、筹资、联络等繁重而琐细的工作。所有参与的人员,以拳拳报国之心,尽深厚学养之力,克服了时间紧、任务重、要求高、压力大等诸多困难与挑战,最终圆满完成了任务。在本书付梓之际,丛书编委会特向参与本项目的全体同志致以崇高敬意和衷心感谢!

  同时特别需要鸣谢的是,提出策划并领导实施此项目的中国传记文学学会会长王丽博士。王博士长期从事法律实务工作,经验丰富,并由于她担任"一带一路服务机制"主席职务的原因,她对相关国家、对走出去的"一带一路"建设者和广大青少年的需求了解真切,提出应当为他们写一套介绍各国典型人物的简明易读的传记,为他们提供健康的精神食粮。她把这项"额外"的工作当成了事业,联袂商会筹集资金、苦口婆心招揽作者、精心挑选传主名录、夙夜青灯挥笔写作、近乎偏执逐字推敲、亲力亲为呕心沥血。面对如此浩大的出版项目和繁重的出版任务,中国出版集团华文出版社不但毅然承担了出版任务,而且集团和出版社的领导与中国传记文学学会的负责同志一起协商,寻求有关部门的支持和帮助,努力将该传系打造成高质量的精品好书。在此,我们特向项目牵头人和中国出版集团公司、华文出版社的相关领导和编辑致以崇高敬意和衷心感谢!

  尤其让我们感动的是,在项目执行过程中,一些富有家国情怀的民间商会和企业家的慷慨解囊,虽不足以支撑项目的全部费用,但是他们所表现出的热心和支持,让我们坚定了走下去的信心和决心。在此,我们要特别鸣谢为本书的创作出版做出捐赠支持的中国民营经济国际合作商会、亿阳集团股份有限公司、富通集团有限公司以及太平洋证券股份有限公司，并对他们的拳拳报国之心和慷慨无私帮助致以崇高敬意和衷心感谢！

  一项伟大的事业，离不开许多默默无闻的奉献者。在本传记系列的组织、编写、出版过程中，有历史、文学、科研、外交、教育、法律、翻译、出版等领域的数百位专业人士参与，恕不能在此处一一详列。需要特别提出的是，鞠思佳、景峰等同志为组织联络、收集资料到处奔波而毫无怨言，唐得阳、唐岫敏、白明亮、谭笑等同志在编写、翻译和编辑、校对过程中的细致与负责让我们感动，赵实、胡占凡、高明光、吴尚之、刘尚军、李岩、王灵桂、李永全、陈晓明、许正明、宋志军等同志睿智的指点和专业的帮助让我们避免了许多弯路。在此，我们特向以上各位同志致以崇高敬意和衷心感谢！

  当然，由于我们水平所限，本丛书难免有某些不尽如人意和瑕疵之处，敬请学界专家和各位读者不吝赐教，我们将在作品再版之时吸收完善。在此，我们也向各位读者提前表示崇高敬意和深深感谢！

            "一带一路"列国人物传系编委会
            2018年3月8日